續接美好未來，盡享樂活旅航

無痛人生

吳明來｜著

推薦序1 企業經營始於動機，勇於承擔，開拓新局

此次受邀爲推薦人，深感榮幸，與作者吳明來董事長因爲理念相同而互相欣賞，同爲商品研發者，我們對於產業具有共同的信念，就是「取之社會，用之社會」也因此更能理解一個創業家在時間洪流巨浪中，要面對的挑戰以及產品研發過程，滿足消費者的需求，是研發菁英亟級需要的 TONE 點。

也在閱讀此書中，我們比對了企業經營中重要的幾個概念，在此我稱爲「AMC 分析」，在透過吳明來董事長在對於商品及市場需求的察覺（Awareness）將其相關訊息輸入、轉換、儲存、提取檢索且加以應用，創造了適合消費者的商品，也啓動了企業進行開發的動機（Motivation），最後投入大量資源（Capability）據以引發市場需求、引導並促進銷售行爲，當然這都需要創業者強而有力的意志力，才能肩負起在投入成本支出後是否達成預期的商品銷售量的重責大任。

總和上述的種種條件，同爲企業創辦人以及商品研發者，更能理解營運企業

中種種的不易，以及市場自然產生的動態競爭，如果沒有強烈的發展動機，當中途遇到例如做不到？看不到未來？面對產業轉型沒有信心？上述種種的狀況，後續研發商品上市將無以爲繼，更遑論以拓展企業版圖來對增進營業績效。

企業經營始於初心、勇於承擔，永續經營爲社會未來的共同責任，此書讓我回想到當年我創辦助聽器時的起心動念，不論是研發心情，或者是曾經遭遇過的危機轉折，是我在此書中感同身受的部分，也與衆多讀者分享，吳明來董事長的研發歷程，實則創新企業典範。

元健大和直販事業股份有限公司暨天籟列車執行長－**吳志賢**

推薦序2　以人為本創造美好，企業精神接軌國際

在閱讀此書的過程中，看見吳董事長分享創業經驗、堅持提供高品質產品給消費者外，也發現作者以人為本、積極創新研發商品的特質，有別於一般以營利為導向之經營目的之市場無法將其獲利再次投入精進研發中，因此商品的生命週期也較為短暫，而吳明來董事長則在書中分享了大量過去於與國際接軌、創新商業模式而有所突破的故事，以及由於對紡織素材的熱衷，願意以投入提升人類生活便利性及永續發展為目標，我想我這就是為什麼企業可以搶佔國內外高市佔率及推廣至國際的主因，值得產業界觀摩學習。

「以人為主的研發，一開始設定對了，才能身受國際買家的認同，為了人類的快樂生活、創造美好的願景，共好也是企業經營管理中重要的一環。」在營運方針以及國際視野的兩者俱足，台灣才會有更多產業可以與此書作者一樣，將產業國際化，全球接軌。

我個人覺得企業的本質不僅僅只是營利，而是品質管理（包含書中提及到德國採購優質機器和金縷衣素材的研發。）以人爲本，且每一分獲利都可再從中對社會有所貢獻，投入更多國際規格商品的研發，更爲珍貴，商品的創新亦讓人們得到更美好的生活，包含：長照關懷、減少疼痛不適、促進健康、永續之觀念，都是企業社會責任能爲社會做更多的基礎。

台灣經濟研究院研究一所副所長—**林若蓁博士**

推薦序3　對生活抱持熱忱，期待未來樂趣多更多

我以前很喜歡逛街買衣服，各種品牌的衣服，都是品牌設計師的品味和喜好，你可以從新品款式中發現一些細節，這是品牌商的精心設計，設計費工又花錢，就像我在香奈兒衣服上發現到，除了經典款外套上的各種線條的細節，另外對於內襯一定要用純棉、純麻、眞絲的天然材質；經典的香奈兒外套特地在底部的邊緣上做設計，就怕衣服的垂墜感不夠，甚至還會在衣服下擺處縫上帶有重量感的鐵鍊……。畢竟有縫和沒有縫，質感當然有差，差在使用者被呵護的精品感，那種追求最好的，最頂尖的自我要求，一直是我最敬佩的。而這種品牌在市場上也很難被淘汰，因爲他們總是最好的，好東西做好足夠的行銷，就一定會遇到伯樂。

在這本《無痛人生》的書中，我也發現這位創業家吳明來董事長對自己的產品有同樣的要求，一切都要最好的，不計成本代價，在他生產開發布料時，也因爲對自己同等要求，抗拒許多嘲笑他、否定他的人，盡力生產出對得起自己標準的布料，也因此，得到大量的國際訂單，市場越做越大，跌破當初反對者的眼鏡。

這跟我喜歡的香奈兒經典外套的觀點一致，畢竟好東西終究是不會寂寞的。

吳明來董事長在經歷了承大科技、大來運動用品的大受歡迎後，這位創業發明家繼續發揮永不停止的生活熱忱，把注意力放到長照上面，文中有很多對於高齡生活的各種講究和觀察，其中有對於醣類攝取的限制建議，微晶能傳導電的紡織科技等，透過科技與生活的結合，成果令人驚艷。我喜歡對生活抱持熱忱的人所生產的產品，就像我喜歡香奈兒外套一樣，畢竟台灣總會步上日本後塵，迎來高齡化的社會。

最近，母親便因不小心摔倒造成脊椎裂傷，這讓我終於領教了什麼是長照的問題，這還眞是要注意的事情呀，幸好媽媽復原能力很好，現在已經可以站起來走動了，從開始的輪椅、走路輔助架、護腰帶、束衣、各種尿布、紙巾、臨時置物架、電動折疊床、各種維生素營養品、方便穿脫的衣服、洗澡房的椅子等……，各種因爲媽媽摔倒不能行走而產生的各種器具設備，眞是族繁不及備載，當然也少不了她親愛的女兒們，親力親爲的各種奔波跑腿……。不過這讓我覺得，終於有機會幫助媽媽而感到愉快，子女如果總是被鼓勵對父母的幫助，子女對父母的虧欠感也會少很多，虧欠感少了，彼此間感情就又會更好了。我讓我媽了解這點，所以他也就不會客氣地大膽使喚我。好在她也快好了，我一直跟她說，靈魂沒有年齡的分別，但是身體有，我們可以盡量做到在我們的認知中，就算是高齡也可以設立目標以及為目標努力的決心，鼓勵自己就算高齡，也要是一個擁有健康身體的高齡者。

很高興在這個領域裡，又有一位設計專家吳明來董事長加入，期待在未來會有更多有趣的發明創造出來，為我們的長照族群加入更多的創意。

演藝畫作家—**張瑞竹**

作者序

研發爲人生之本，商品爲開創無痛人生

其實談論起我吳明來這個人，並沒有什麼特殊的事情，也許有些人是身負特殊才藝，或是喜歡追逐名片上的頭銜，以及商場上的權勢，但一路走來，我僅以公司經營及產業研發爲本位，換言之，能夠對他人有所助益，才是我此生的目標。

大來運動器材有限公司成立於一九八〇年，一開始是推廣專業生產醫療用護具，以及提供全身各部位運動時使用的護具，目的就是爲了減少現代人的痠痛並從中獲得紓解及保護，進而達到更好的優質生活。

在創新研發上，我致力於承大科技有限公司，立足台灣，放眼全球，成立於二〇〇二年是台灣和全球唯一使用超細金屬不銹鋼纖維（約頭髮的八分之一大小的金屬材料 0.028mm），當時全球相當多人都尚未得知此新知，我們已經領先世界許多！

承大產品系列既寬且廣，共計有六大品牌產品，其中以電視螢幕爲最強大的產品設計，隨著時代推進，爲滿足碳中和、碳達峰的世界狀況，我們以「節能減碳」爲目標，發展肩負社會責任與環保訴求的產品，此亦爲身處「搶救地球大作戰」的時代中，優質企業理應達成的社會責任。

過去種種的研發歷程中，我始終抱持多方嘗試的精神，畢竟！研發爲人生之本，目前，我們研發出來的最新商品是一百五十吋的玻璃顯示螢幕電視機，這既是承大科技最偉大的發明，也是企業另一個新的里程碑！

很多先進朋友問我，爲什麼能成爲里程碑？我簡單解釋以下幾個代表特性：

1. 其壽命是永遠的。

2. 影像可達到4K或8K畫質畫面顯示需求。

3. 可以兩面影像顯示相同畫面達4K或8K。

4.顯示器不需插電。

而我的另一項專利設計是，大面積導電又有彈性的超細電流的導電材料（發明專利技術），可運用在人體各部位的深度肌肉訓練（約可深達五至八公分），在研發歷程上實屬一大突破。

在時報出版邀請我將研發的心路歷程及個人故事集結出書時，我相當雀躍，期待可將我一路走來的研發心境、面對商場環境的挑戰，種種困境以及突破等，藉由此書呈現給更多人了解，讓大家理解企業創辦時的酸甜苦辣。

此外，更有鑑於目前醫病關係現況，日益增加的長照需求等，我也希望透過改善、研發而來的商品，能在此書中介紹給大家，並給予社會中有需要的人們更多實質協助，既可做爲無痛人生的前導，也能提供退休族群更多選擇與方向！

最後，期待在此書中所分享的小故事及人生經驗，可讓更多人感受到「科技的溫度」，所有的商品都是因應人們的需求而產生，解決人們的需求，進而得到幸福、快樂、美好，就是我終其一生研發商品以及創辦企業的初衷。

未來，承大科技仍會秉持「研發爲本、創新爲主、無痛人生」的經營初衷，持續投入手術式安全照護鏡像設施及長照智能研發，希望能夠繼續嘉惠社會大衆，爲大家創造美好人生。

吳明來

目錄

推薦序 2
作者序 9

第一章　實業家的國際格局

1-1 承大精神—專注、管理、永續 22
1-2 穿梭在運動用品店的小業務…… 26
1-3 赴歐挑選生財器械，眼界大開 32

第二章　市況正值夕陽，產業亟待轉型

2-1 突破環境困境產業轉型 38
2-2 踏入研發市場，打造另一片紡織藍海 43
2-3 過度投入，掀起家庭革命…… 46

目錄

第三章　遊歷全世界，打造跨界版圖

3-1 遠赴義大利，尋求訂製未來設計師　52
3-2 投入光電素材，結合織品創意　55
3-3 打造伸展台大夢，將國際舞台引進蘭陽　58

第四章　回歸家庭，驚見長照需求……

4-1 高齡長壽是子女的福氣？　62
4-2 肌肉代謝低下，急需解方救健康　66
4-3 醫療費用成負擔，子女壓力爆棚　70
4-4 永續產業回饋社會—創建萬倍爾　73

第五章　活得好，更要活得有尊嚴

5-1 面對自己的未來，我準備好了嗎？　82
5-2 提早退休，就是活得比較好？　88

5-3 失智、憂鬱症、糖尿病—退休族群三大隱憂 92
5-4 提升肌力與自癒力的人生 99

第六章　美力人生—好，還要更好！

6-1 提升自信，從美的態度開始 106
6-2 打造彩虹人生的開端 113
6-3 再次神采飛揚的秘密 118
6-4 用最美的姿態，迎接下一個高峰 124

第七章　後疫情時代，長照三・〇的展望及規劃

7-1 長照醫療成趨勢，你我都準備好了嗎？ 130
7-2 台灣的長照……，持續滾動式調整 136
7-3 用樂觀的心迎接長照三・〇 142

▲大來公司在新店安坑的公司門口充滿藝術氣息。

▼男裝設計風衣款式一。

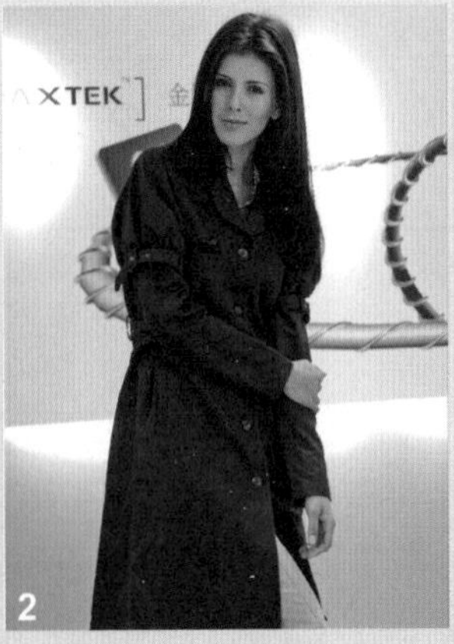

1. 著重在織品的原料、技術、材質、設計的延伸上，專利技術的提升加上高品質的原物料與嚴格品管。
2. 公司的產業技術也已經進入到「材質創新研發團、設計師專業打版製作、紡織整體產業規劃」。
3. 除了在材料上的改善、流行趨勢的設計敏感度，「求新、求變」才能夠媒合到使用者的需求。

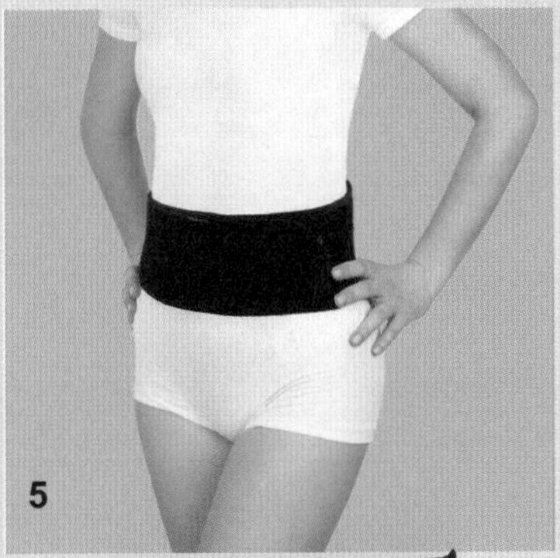
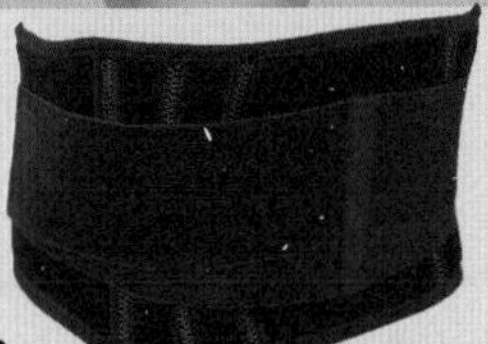

4. 運動系列防磨防潑水外套不退流行。
5. 從大來運動器材公司開始，於 2002 年則另外成立了承大科技為另一市場區隔品牌。
6. 護具的材質，影響透氣吸汗、材質舒適度等等，吳明來總經理對於上中下游需求都相當了解。

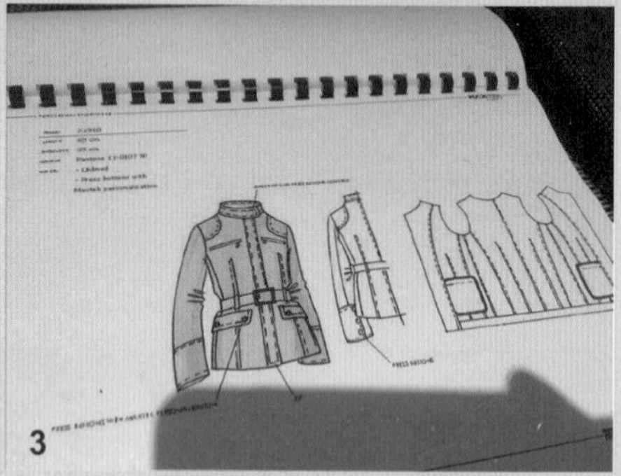

1. 吳明來總經理本人於 2003 年遠赴義大利尋找時尚設計師，打造一系列商品。
2. 依照義大利設計師，規劃研發出更符合人體需求的商品，款式相當多元且時尚感十足。
3. 以超細金屬纖維為技術核心，研發相關用品⋯等。
4. 承大科技於宜蘭動工興建了 6000 坪的後現代多功能展廳 。

5. 新店辦公室重視日式禪風，開會時相當受國外廠商歡迎。
6. 承大科技創立，請專業行銷企管顧問打造未來控股公司的模型，六大品牌有一系列商品，族群也有所不同。
7. 設計出適合時代需求、勾勒人體需求、滿足心靈需求的商品，

第一章／實業家的國際格局

許多人追求名片上的職銜，而我則始終一心放在研發。遇事不恥下問，研究材料、機器、通路、市場，不斷出國旅行吸收新知。細數過往四十年來的感觸，熱愛研發的態度也讓我的事業越來越茁壯，終於明白「工作研發即生活。」

而什麼是實業家？什麼是企業家？經過這麼多年，我方才領略箇中差異……

1-1

承大精神－專注、管理、永續

承大科技過去曾以超細金屬纖維（僅頭髮的八分之一）爲技術核心，研發兼具功能及美學的服飾，將紡織與科技帶入宜蘭產業，動工興建約六千坪的後現代多功能展廳；一路走來，可說相當競競業業，對於紡織研發上亦投入相當大的心力，二○○七年，藉由工廠觀光化的實現，終於將台灣創意產業，發揚光大。

回想當時，我和工業局、紡綜所、紡拓會以及各大學相關系所產官學的能量，實現承大宜蘭廠成爲生活美學平台的藍圖，記者媒體們問我，爲什麼要勞師動衆地做這樣繁瑣的事情？而我只是輕描淡寫地回應，就是單純想要把台灣紡織工業推展到全世界，要讓大家有一個國際級的伸展台，並透過不定期舉行發表會及知性課程，讓大家看到整個產業鏈的世界平台，將台灣精品推廣到國際舞台上，諸如法國每年都會舉辦的秋冬新品發表會，就是我一心想參展，想讓大家看見台灣的夢想。

很多跨產業的朋友亦致電問我，內容不乏提及「吳總，您的眼光跟格局相當高瞻遠矚，可否分享一下佈局的原則？」而我總是笑而不答。

不論在海內外的媒體採訪中，我總是委婉地拒絕，「因爲我不是一個明星，我是一個研發總經理，落實把所有的心力投注在對人有幫助的商品上，才是我時間管理內最重要的事。」

許多人追求名片上的職銜，而我則始終一心放在研發。遇事不恥下問，研究材料、機器、通路、市場，不斷出國旅行吸收新知。細數過往四十年來的感觸，熱愛研發的態度也讓我的事業越來越茁壯，終於明白「工作研發即生活。」

而什麼是實業家？什麼是企業家？經過這麼多年，我方才領略箇中差異……

工廠觀光化，將台灣創意產業發揚光大

內人一路陪伴著我，看著我們從無到有，從零開始逐步創立公司至今，看著我專注在每一個精細的環節上，所以我們創造了超細金屬纖維的技術，在台灣紡織業可說是數一數二的佳績。其次，說到自我管理上，我堅持幾十年來都穿同一套衣服，有時她還會笑我，自己是做紡織的，但穿在身上的衣服竟是數十年如一日，孰不知身為一個實業家，這就是我「自我管理」的精神：每天盡本分地做好基礎的儀容體態、公司營運管理，古人所說的「齊家、治國、平天下」就是我的宗旨。

作為一個創業家及經理人，時時保持最佳的管理態度，這讓我獲得了業界及國外協力客戶的認同跟肯定；近幾年，不少熟知我為人的朋友，跟我開玩笑說道：「吳總，你是最不想出名的老闆了！數十年來專注於研發、良率、製程上，品牌都比你出名！」此時，我才意識到，研發、管理、跟永續經營正是我追求的目標，

至於個人出名與否，並非是我創立企業的目的。

在這幾十年的創業歷程中，我一次又一次地面對風雨也無懼風浪，胼手胝足地創建了承大科技，實則幸也。未來期許自己穩紮穩打地紮根，能夠讓企業無限延伸、開枝散葉。

1-2 穿梭在運動用品店的小業務……

回想自己當初服完兵役後，開始從事運動用品的業務工作，一個小毛頭初出茅蘆，怎麼可能會有多少訂單？但爲了生計，我們還是要硬著頭皮，奮力完成，回想起一開始即便只是二百多元的訂單，我也一股腦兒地接下，一家一家地跑，不論訂單金額多寡，我都全數接下，也遑論這些廠家付款方式有多少種，甚至低單價、拖票期，我也是鼻子摸一摸，每天去跟廠商們聊天，在台北商圈的大街小巷，騎著機車一家家地巡貨，而且每天準時出門、登記數量，讓自己熟悉商圈的生態與狀況。

在創業初期，每天透過商圈的規劃，我已摸熟這個區域內有幾家體育用品店，短短幾年內，每個店家的櫥窗、不同月份需要何種貨物，我都瞭若指掌，回想年輕時期的我，商業經營的天賦，似乎就已在萌芽中。

「補貨」養成觀察市場的敏銳度

「小子，今天又來看貨架啦！目前還不需要補單，還有，你一個月後再來收貨款吧。」像這樣，商家給你碰個軟釘子也是常見的，但靠著熱忱、勤於摸索，我對於客製化的需求漸趨熟練，有時回頭想想，當時的一股熱忱竟成爲創業的動力！後來發現經營之神松下幸之助先生也是這樣創立企業，他表示「那時吃飯、睡覺、走路，都在想著產品的事，即使在睡覺時，也要在枕頭邊放上紙筆，只要想起什麼就趕緊記下來……」這與我創業的過程，實在很相似。

我還記得有次要去拜訪客戶，客戶回應最近很忙，沒空跟我聊天，我聽到這裡心裡感到委屈極了，可是爲了生活，也只能擺出笑臉，認眞地趕往下一站去拜訪其他客戶，就這樣，與店家們逐漸熟絡了起來。

在多年市場砥礪下，我只要發現某家育用品店有缺貨，往往就能馬上爲商家補齊商品，也在此時練就了敏銳觀察市場需求與進銷存的基礎概念，然而當時的我，並未那麼理解商業經營的訣竅，只是一股腦地想著「如何讓店家賣完我的存貨，我能去收款。」就憑著這麼一股衝勁，我終於在一九八〇年順利創辦大來運動器材公司，也在商圈生態經營及商品供應鏈逐步完成後，讓公司的業務流量漸趨穩定。

政策轉型，正向面對商品週期危機感

經營初期當然是批發商品來銷售，利潤相當微薄，僅可維持公司的人事管銷，後來我跨足研發商品，開始投入紡織素材的研究，藉此增加毛利率及品牌市占率。

在這十九年的經營時光裡，我從批發商變成研發生產者，開始涉獵材料應用與組合的研發領域，提升商品素質；回想過往，即使小風浪不斷，卻也順利安然度過……

日本經營之神松下幸之助曾說過：「企業的問題往往伴隨企業而生，只要企業還在，問題和困難就不會消失。當我們談到企業的經營者時，無論在哪，他一定都是最操心的那個人。所以企業經營者不能沒有憂患意識。」而繼創辦大來運動器材公司後，我於二〇〇二年另外成立承大科技，這個歷程正好與經營之神所說的企業精神不謀而合。

初出茅廬，菜鳥惹出的訂單風波……

在甫出社會又毫無背景的當年建立品牌，依靠的就是一步一腳印的紮根與客戶們的信任，當然其中不乏很多貴人跟小人們的攙和，方才讓我的人生更加精采。其中，我最記得當年承接了一段令我印象深刻的「搶單風波」，話說我當時雖才二十三歲，但因爲生性誠懇，訂單量始終穩定，加上客戶多半信任我，此舉竟引發同行的猜忌……。

我們常說「日防夜防，家賊難防」，我有一個表親，也是同行，一直以來我們對於拿多少的貨品都是相當透明，當時我們也僅僅是中間商，賺取一些利潤，可是表親竟私下矇騙，透過削價競爭來跟銷售門市經理另外私下交易，搶了我們這筆年度大訂單……，當時的我氣憤難耐，就算是親戚都差點要翻臉了！但表親依然如故，似乎就是明擺著欺負人。

在商場上，這樣的事情不算奇怪，但是被自己的表親壟斷商品交期，不讓我出貨，甚至壓低價格促銷，想要對方轉而向他們訂購，實在讓我措手不及，畢竟公司才剛剛穩定，這筆訂單眞的很重要。

爲了與品牌商合作，強化公司信譽，我只好跟對方協商：「拜託您，我才剛進入這一行，這筆大訂單就讓我們公司來承接吧！至於對方開出的價格比我還低，幾乎就是我的成本價，我也願意配合，還是請您把這個案子交給我們，我願意自行吸收。」透過委婉的懇求跟平時建立的信任，客戶總算把這筆大單交由我們來承接，順利完成這筆生意。

當時我堅持一定要拿下這筆訂單的理由是「我不能在這裡倒下去。」這股「不屈於人，劣勢求勝」堅韌、奮鬥的精神跟著我數十年，當年的一筆小訂單也讓我在經商路上更加謹慎，甚在日後面對挑戰時都引以爲戒，始終落實信譽跟商品交期，終於在外貿市場嶄露頭角。

1-3

赴歐挑選生財器械，眼界大開

話說我於一九八五年到歐洲挑選最好的機台，此時我爲了做出業界的頂尖優質商品符合客製訂單需求，不惜重金引進三十台（近新台幣五千萬元）德國原廠的機器，且遠赴德國受訓一個月。此外更引進比當時所用的一般紡織棉紗貴上約一百至二百元的棉紗，但因爲我們使用的棉紗完全不同，加上原料採購價格偏高，坊間根本沒人敢進貨。

在那個年代，業界朋友都笑我「不會做生意。」因一般紡織機械機台約新台幣九萬元，而我卻選購一台近新台幣二百萬價格的機種，成本約提高了十二倍，利潤何在？畢竟在商言商，開店就是賣東西，但想的就不是這個，我始終不認爲自己在做生意，我是以「人」爲出發點，提供人們更多選擇，滿足他們最優質的需求，這才是重點。

做出區隔，品牌優勢大升

多年後，當時曾笑我的朋友表示「我很會做生意」，甚至多所大學說我是企業活教材，紡拓會也曾邀請我分享理論。所謂「人無我有，人有我優，人優我廉，人廉我走。」從商品的研發、製造、價格定位都是一場又一場的競爭，想要取得優勢，就是要比別人的商品更優質。

機械的動能影響了商品的良率與品質，也減少紡織原料的耗損，整體成本跟銷售佔比大幅提升，增加商品穩定度。此一精準的眼光，大幅拉高公司的整體業績，業界最佳的製造商名號也由此而生。

回想民國九十三年時，臺灣紡織業產量大增，一九六〇年代主要是供應國外市場，國際市場份額日增，臺灣棉紡織品在一九七五年時，在美國的市佔率更超越日本。不過隨著紡織業變遷，當時製造業的總產值，早從一九七〇年代的百分之二十下降到如今的百分之五，紡織品與成衣佔臺灣出口的份額到一九七一年高達百分之三十八，至二〇〇四年則已降至百分之七左右，規模日漸下滑。到了二〇〇四年，臺灣仍居於全球第六大紡織品出口國，第二十大成衣出口國，人造纖維總產量則佔全球產量百分之十一，全球排名第二，僅次於中國大陸。

記得當時的我始終兢兢業業，那時大陸已經跨入世界工廠的前導，不僅市場競爭激烈，大家對於紡織品的價格也進入削價時代，過去松下幸之助曾說：「商業世界的市場競爭殘酷，我們可以看到一些很輝煌的企業一夜之間崩塌。」在如此殘酷的競爭環境中求生存，最重要的關鍵就是快，比別人慢一步，就可能被淘汰出局。

我不是一個很會解釋動機的人，但反應卻總是相當快速。

同業競爭的挑戰與提升

這個時期的我，早已不是當年的小菜鳥，公司的研發技術也已進入「材質創新研發團、設計師專業打版製作、紡織整體產業規劃」的階段，商品研發漸趨成熟，尤其在車縫針、拷克、原物料上的技術更是日益精進。

「精進！還要更為精進！」當時我馬不停蹄地發想且提出更多創意，很多朋友跟我說：「吳總，你們已經很強大了！」但我不以此為滿，更著重在織品原料、技術、材質、設計的延伸上，專利技術的提升加上高品質的原物料與嚴格品管，無一不運用在生活上，舉凡包包、衣服、家用品，各類型按摩器上的運用，都標榜以具備抗靜電、防磨等功能為主，加上兼具美學基礎，坊間所有紡織品幾乎都能運用，這項優勢成為我對抗市場的利器，而結合產經學的力量，我開始從設計師、伸展舞台著手，終於成功完成織品產業夢想的版圖。

第二章／市況正值夕陽，產業亟待轉型

我一直是個對於市場脈動很有感觸的人，當我們面對市場時，只要商品不符合使用者需求，就應該要「求新、求變」，才能夠媒合到使用者的需求。

2-1

突破環境困境產業轉型

一九九九年，正當全台紡織業青黃不接之際，我受邀前往紡拓會開會。與衆人苦思多日依舊無解，畢竟大環境確實不好。但即使如此，我們公司仍在有條理地營運跟規劃下，不論是內銷或外銷貿易量都依舊穩定，深受同業們的肯定跟學習。

回溯當年，臺灣紡織工業因爲獲利結構不佳、人才招攬不易、產品遲遲無法突破等通病，造成許多問題，所以我們也一心想要設法突破這個大環境變化。當時透過不斷學習研究技術轉型，我們也算是非常成功地對抗了這波驚濤駭浪。

上述章節中我們有提及過程，但我想要在這邊重申的是心態；我一直是個對於市場脈動很有感觸的人，當我們面對市場時，只要商品不符合使用者需求，我們就應該要「求新、求變」，才能媒合到使用者的需求；除了改善材料、流行趨勢的設計敏感度及整體的行銷方案，每項都是我全力推動的部份，唯有整體改變，才能產生足夠的動能與市場脈動緊密鏈結，達到滿足消費者心理以實用需求的目標。

那麼，爲了致力於紡織上中下游的改善，在紡織的原料供應，包含「天然纖維」（毛料、棉花、絲、痲等）以及製成「人造纖維」（聚酯、尼龍、壓克力等）所需的「塑化原料」；中游：「紡織業」中「紡」與「織」的過程，包含「紡紗」、「織布」，到中下游的「染整」等步驟；下游：成衣以及通路品牌的建立，樁樁件件可說逼迫得我無一不精通，投入研發的時間跟精力更超乎一般人的想像，此次爲了出書跟太太重提往事，她還笑說：「你那時候幾乎不睡覺的……」其實直到如今，我依舊秉持這種精神，持續推進我的新事業。

破局而出，承大科技屢創佳績

皇天不負苦心人，我終於在二〇〇二年創立承大科技，公司業績屢創佳績，這也算是破局而出；我記得光是爲了替公司命名，就請了專業的行銷企管顧問來製作未來控股公司的模型，針對六大品牌下的一系列商品、消費族群等，獨立經營多個品牌，例如萬倍爾（MAXPAL）、萬勁夠（MAXGO）等。

當時，也有不少人提醒我：「開公司你有經驗，規模先別搞這麼大，到時候再來增加生產線就好了！爲什麼要那麼大的野心？」但當時的我抱持企業創辦的野心，所以依舊獨排眾議下定決心，畢竟若想永續經營，一定要有相當大的方案及執行力；當然，日後成績斐然，也讓當時提出疑慮的人均讚嘆不已。

這是繼第一章裡提到的逆轉大來公司搶單風波後，再次證明我精準的商業眼光：「在面臨臺灣產業的勞務斷層、量產技術及控管量品率上，我一直希望可以維持在投入百分之百後，卻只有百分之五的耗損。」因爲如此一來才能夠作出「市場區隔性」。當然，事後證明許多知名品牌都信任我們的商品品質，讓我們的代工訂單，應接不暇……。

高端市場區隔，策略行銷市場化

知名品牌的信任讓我們產生信心，我也更加堅信，創辦承大科技就是將大來護具及承大科技兩個公司作出最有利的市場區隔。

怎麼說呢？

其實在創辦大來護具這家公司時，我曾說過這是以銷售一般運動用品爲主，客單價也較爲親民。反觀創辦承大科技，我們祭出外銷國際高端市場及提升技術層面的訴求，整體量能跟客戶需求完全不一樣，既可滿足商品製造，更符合國際視野及結合科技元素的目標；換句話說，這將有效提升紡織品的附加價值。

後來，不少同業跑來跟我取經：「要怎麼作出個人品味跟提升品牌價值？」這讓我開始認眞思考，過去投入時沒有想過的事情：「大來護具作對了什麼？爲什麼大來可以成爲大家認同的品牌？」跟同業分享時，我並沒有藏私，也因此讓我得以不斷複製成功模式，續持精進。

2-2

踏入研發市場，打造另一片紡織藍海

在經營國際貿易上，我還記得當時澳洲墨爾本有個代理商曾來過臺灣幾次，非常喜歡我們家的品牌。有一回我去墨爾本，他還很愛開玩笑說：「在墨爾本有一條JASPER大道，剛好跟你的公司名字相同！」當時非常開心，畢竟是自己研發的商品，飄洋過海受到國外朋友青睞！我也侃侃而談說起護具材質影響透氣性、吸汗程度與材質舒適與否等，我因爲相當熟悉產業的上中下游生態，大夥兒因此度過了一段非常開心的聊天時光。他們也非常驚訝，我竟能將紡織商品作得這樣符合人性需求，甚至打趣笑說：「肯定熱銷，我們一定要跟你們進貨！」

面對外國代理商的認同，我回想起當

年對於研發的堅持，從機台到紡織線材的挑選，一步一腳印，當下的開心不言而喻；每一回的用心研發，都會受到代理商及市場肯定，屢試不爽，證明用心總能為你換回大量的訂單。

不過即使如此，其中仍有段波折可以聊聊……

記得當年在澳洲，友人憑藉臺灣JASPER的品牌作為主力商品，臺灣製造加上設計精良，為他帶來大量訂單，生意越做越大，甚至在澳洲開辦七個分店……。可是人心畢竟多變，友人這時的心態開始改變，他企圖自己創辦品牌，但可惜的是結果兵敗如山倒，七家分店通通賣給別人，自己後來也相當落魄。

建立消費信任感，創立品牌無法一蹴可及

在韓國也有一家店面面臨這樣的問題，他跟不同的廠商引進較便宜的貨品，企圖魚目混珠一起賣，偷偷換掉「JASPER」這個品牌，就連外包裝、圖片都是

一模一樣的拷貝，但有一次，敏感的消費者還是發現箇中差異：雖然外包裝都是「JASPER」而且比較便宜，但穿戴的舒適度與耐用性就是不一樣！消費者開始頻頻找上他要求退貨，搞到最後他也很後悔，向我認錯：「JASPER！我必須跟你誠實，可以再給我機會嗎？我偷偷販售別家的貨品企圖魚目混珠，但客人都跑光了，眞是非常對不起！」相信不少國內外的貿易商都應該有類似的經驗，當研發商品及建立品牌時，很可能會遭遇類似個案，不曉得大家都怎麼解決？我後來倒是學習到，在建立商標及商品防僞機制上需多多留心，畢竟建立消費者信賴的品牌，並非一蹴可及。

後來這位國外朋友也因爲心生投機，生意一蹶不振，自己也累出病來，同時失去健康及財富。當年聽到這個消息時，心裡雖然很難過，卻也無法跟他多說什麼，只能在夜深人靜時自我警惕：「商業模式及建立消費者信任相當不容易，別因一時投機想要多賺幾毛錢，失去客戶忠誠度，這絕對不值得……」畢竟人生並非事事都可任由我們左右，品牌建立不易，卻也可能一夕崩塌。

2-3

過度投入，掀起家庭革命……

「你的腦袋裡還眞不知道是在想什麼？已經有一間公司了，幹嘛還要再搞一家？甚至還要一直燒錢研發新商品？爲什麼不把商品設計研發的工作外包？」這是在面對工作時，我最常聽到家人抱怨或建議我的話。尤其在公司的營運組織規劃都進入S．O．P標準化作業之後，畢竟逐步符合企業自體營運，公司就可以進入獲利的狀態，這也是很多創業者、實業家們最想達到的營運模式。只是臺灣中小企業多，許多公司往往在這個階段時就會委由專業經理人來專責處理商品規劃及研發，甚至是外包給其他公司來執行，希望藉此減少董事長或總經理的工作量。

或許是我天生個性使然，也或許是因

爲過去身陷在夕陽產業那個波折帶給我的危機感，在研發商品的熱情上，我總是一頭栽入，常常讓家人既心疼又著急不已，大家心疼我的日夜顚倒，著急我拿公司的資金投入研發，記得曾有好幾次不論是跟太太還是女兒，家裡幾乎都要鬧革命了，最後甚至連母親都投下反對票，警告我若再投入資金研發新商品，就要斷我金援……。後來，我常跟朋友開玩笑說：「我都得自掏私房錢研發新商品，公司戶頭是萬萬不能動用的。」也從此可看出，我對研發商品的熱忱及執著。

二〇〇三年，開始設計手腳按摩器

大家還記得一九九九年，臺灣紡織業面臨夕陽產業轉型，我爲了因應大環境劇變始作出重大突破及創立里程碑，這當中有一項與商品有關的部分，即是開始設計手腳按摩器。當時有很多人覺得，「大來公司過去不是專作護具的嗎？爲什麼開始創辦承大科技來設計手腳按摩器？」這是許多同業對我的質疑。然而我並沒有被這樣的負面聲量打倒，因爲我已是營運規模相當成熟的兩家公司負責人，而且研發技術日益精進，我們需要的是結合更多不同元素的商品與織品。

生性天馬行空，記得母親總愛在我的耳邊說道：「我眞不知道你的頭殼在想什麼？」其實就是做就對了。我開始找出手腳按摩器需要的科技零件，結合之前多年運動用品的客戶服務資訊，跟公司同仁不停地開會，討論什麼人會需要手腳按摩器？怎麼樣會讓人使用上方便？紡織品及按摩器的接觸面要怎麼銜接且一體成形，方可兼顧舒適度及效能？

日夜都在思考這些事情，馬不停蹄地開會及研發，只要作出成品就開始參加國外的商展，於展場上展示給國外客戶們評點，結果沒想到竟然吸引許多外國客戶注意，他們發現我們的商品研發相當精細，甚至已到達可外銷的水準。之後，我開始前往國外各大展場去展售，後來還眞拿到許多大訂單，而這也是承大科技奠定獲利基礎的開始。

日本商社邀約，赴日探勘半動化產線

除了國內訂單不斷，加上業界跟展場人員都了解我對品質的堅持，所以訂單可說應接不暇，我後來甚至接到知名的按摩椅委託合作訂單，成功建立合作關係。事後有很多人問我：「你怎麼會接到這麼好的訂單，中間有介紹人嗎？」孰不知這完全是因爲商品設計吸引廠商關注，希望我們可以研發跟客製化該品牌需要的商品，而這不啻爲對承大科技的另一種肯定與信賴。

後來，雙方配合了一陣子之後，我跟日本業務的窗口越來越熟稔，對方是一位大我十二歲的老大哥，聊天時知道對方的生肖都是屬猴，所以我跟他開玩笑說：「你是老猴，我是年輕猴！您這位老猴子可要關照我們這些小猴子啊……」也因爲相談甚歡，我獲得日本商社邀約，決定要到日本去觀摩他們的廠房，日本社長邀請我到囤貨的廠房、各家直營店去參觀，我看到自動化的輸送帶。這些規模與設備在那個年代可說相當先進，我也因此看到了另一個精省人力、時間成本的方式，於是回到臺灣之後，我也開始建立承大科技專屬的「全球運送物流制度」。

我們會透過英文字母來辨識外國客戶的訂單，然後於配送貨物時再依照英文字母揀選，最後再編碼數字，例如有A1、A2、A3、A4、A5、A6……依此類推，大幅降低人員寄錯物品的機率。過去在大來時代可以慢慢憑單寄送貨物，後來因爲公司訂單規模不斷拓展，內部物流機制逐步建立，甚至後來結合物聯網需求，更擴大了不同的物流版圖，成功立足兩岸三地及歐美市場。

第三章／遊歷全世界，打造跨界版圖

我總是戲稱自己為「空中飛人」，因為經商的關係，揹著背包並穿梭在世界各國的展覽場裡，對我已屬生活日常，並不奇怪……而人群中尋找靈感，更是提升我對研發商品時的敏感度。

「坐而言，不如起而行」，在不同生活型態下默默觀察人群，一直是我人生的最佳寫照。

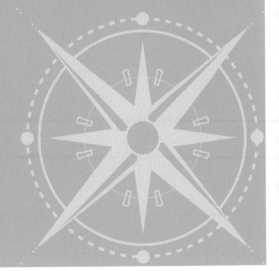

3-1

遠赴義大利，尋求訂製未來設計師

在上述章節中我曾提及，二〇〇三年遠赴義大利的經商回憶，創辦公司過程中的點點滴滴，如今回想起來都是相當引人深思的回憶。過去對於織品這條道路，我可說是投注了百分之百的熱情及毅力，只要達到某個階段的成果，對我就是一個小小的里程碑。但我也並未以此自滿，正值壯年的我，除了研發規劃外，對於未來心中想要做的事情也越來越多，承大科技是一個正在蓬勃發展的事業體，我身爲經理人，自然需要更多的眼界，「坐而言，不如起而行」，就是我人生的最佳寫照。

我自稱爲「空中飛人」，因爲經商的關係，不乏揹著背包在世界各國的展覽場裡觀察人群以及尋找適合的靈感、創意來源，這樣的訓練有助於我在研發新商品時，提升對於客戶族群的敏感度，換句話說，習慣在不同生活型態下默默觀察人群，就是我的生活日常。

商品客製化，並且融入生活型態

在一個因緣際會下，我提供新台幣一百萬委託紡拓會協同拜訪義大利設計師與精品品牌。至於爲什麼會遠赴義大利呢？那是因爲我覺得全球最好的時裝伸展台及版型設計都在義大利，記得當時走在義大利街頭，點了杯咖啡坐下來欣賞路上行人們的衣著，雖然不是人人都穿名牌服飾，但卻都流露出專屬義大利訂製服的品味……

除了在衣料的熱情上著墨，在周邊商品的製成上，我們也大膽創新，結合皮革等異素材，成功研發了防磨包包。甚至在義大利巧遇一位新銳設計師，據說除了開會時間要預訂，甚至花上幾十萬歐元並排隊等候，才能得到他的訂製稿。

這位新銳設計師不僅僅是挑選衣料，光是風衣的款式、領口、袖口以及顏色的規劃，都成功引領歐美各地下一季的潮流風向，連香奈兒、ARMAMI等等設計師都跟風。此次的義大利行也讓我設定了未來十年「結合異素材」的藍圖，開始思考所有紡織素材可以幻化而成的成品，日後也逐一實踐，從客戶生活品味、商品訂製甚至融入生活型態，而且越來越熟練，銷售眼光越來越精準，開發世界性的商品更幾乎達到「零庫存」的自我要求。

3-2

投入光電素材，結合織品創意

多年之後，我才發現自己是一個有創意跟靈感的人，在前幾個章節，我一直提到自己對於市場的敏感度，但老實說，家境小康的我其實很少想到「靈感」這件事……畢竟這些事多半發生在創作者或藝術家身上，想不到一路走來，原來靈感早已不時出現在我的研發人生中。

二〇〇三年，我運用直徑只有頭髮八分之一的不銹鋼金屬導電材，結合異素材（如皮革、綿、尼龍、羊毛等等）與防磨抗靜電的織品素材，成功研發出新品並屢獲市場好評。甚至連內人每次穿著設計款參加宴會，都會受到朋友們的矚目及欣賞，但太太往往打趣說道：「我們沒有量產，這是先生爲我特製的款式。」完全依照東方人適合的肩線及顏色來設計並深獲好評，讓我對於異素材的結合越來越有信心！

一個靈感的瞬間……，金縷衣應運而生

二〇〇三年，我運用直徑只有頭髮八分之一的不銹鋼金屬導電材，成功做出第一件「金縷衣」，甚至運用在床單、枕套、被套上，很多人一開始聽到都很震驚，以爲會是想像中又硬又刺的金屬，後來才發現是比頭髮還要細的不銹鋼金屬導電材，混合棉紗細線織成舒服柔軟的材質，甚至比一般含有過多塑膠的材質更透氣舒適，這也是在靈感與創意的激盪下所成就的突破性發展，一切的創意都是源自於人性的需求。

當然，這樣的設計需要高度的創新及成本的考量，除了一開始的研發，日後量產跟製成也是經過與公司銷售團隊的認眞討論，當時我就說：「我們先試試看，了解客戶接受度如何！」結果客戶表示透氣度以及舒適度超乎想像，漸漸地，「金屬纖維織品」也成爲公司的代表性商品。

烏俄戰爭影響，原物料及價格飛漲

所有的夢想都不是單一的結果。

我們過去累積的經驗與研發的結果，甚至克服織品產業遭遇的困境……，直到二〇二二年，我們又再次遇到新困境，然而此時的我們已經茁壯，預知原料成本的漲跌及困難。所以當二〇二二年3月初俄烏戰爭影響國際局勢，原物料包括鎳、銅等成本，相較二〇二一年底報價上漲百分二十六左右，我們也都自行吸收，這也是在創立經營研發團隊時，每每遭遇研發困境時磨練出來的正面心態與危機意識。

3-3

打造伸展台大夢，將國際舞台引進蘭陽

「台灣應該有一個國際伸展台……」

某年我們一群紡織產業的同業一起討論，世界各國都有給織品業一個拓展的空間，不論是義大利、上海、北京，每年都有走秀及新品發表會，唯獨臺灣沒有這樣的規劃，這時在是非常令人感到惋惜的事。而台灣其實不乏有前途的設計師，唯獨沒有讓他們大展身手的空間。當時我已創辦了承大科技，公司也與國際成功接軌，經常接觸各國展場的時尚觸角，於是，二〇〇八年，我開始打造伸展台大夢。

當時（民國一〇二年12月）各大報章雜誌爭相報導，承大科技宜蘭廠動工興建，當時的理念除了要把產業根留台灣，更希望藉由工廠觀光化的實現，將台灣創意產業發揚光大，並密切結合宜蘭縣政府觀光局、工業局、紡綜所、紡拓會及各大學相關科系，達承產官學合作的夢想。

結合人文風土，觀光工廠創意十足

回憶起當年的因緣際會，我依舊深深感動：「宜蘭工廠園區結合日本、臺灣風格，以綠色建築為概念，並且以追求內涵與講究文化面為導向。工廠外觀顏色以紅黑為主，內部大廳有珍貴的十二生肖頭像仿製品，建築的整體設計很講究，處處緊扣環保節能的原則。」我不僅邀請國內知名設計師打造超現代化的廠房，美麗的玻璃帷幕營造波浪型的線條，猶如衣角飄揚的紡紗，在蘭陽平原上飄逸，相當出色。而不失大氣及藝術感的展廳，更規劃為不定期舉辦發表會，讓台灣藝文設計師能夠在此講授知性課程，結合人文風土，帶動周邊產業，一舉數得。

但是當年在提出興建廠房時，竟然一波三折！我常說自己都是以長遠規劃跟品質來做考量，當時很多人不能理解，甚至覺得地基為什麼要打哪麼深？這根本是在浪費錢……。還記得有人聽到我要把廠房設計成藝術品時，一直狂笑我是神經病。然而時間證明，我們無須理會他人過多的評價：「一件事情只要考慮成熟並認定之後，就要義無反顧地去做，不要理會別人的嘲笑，擇善固執，用結果來證明自己是正確的。」

跨領域以及異素材的結合已在此時到達一個巔峰。此時的承大科技也已進入了從事專業投影銀幕製作，且以大來集團名義進行醫療類、紡織類產品生產製作廿五餘年，且這類產品的生產製作，一直沒有中斷。在二〇一四年11月，我也在第十三屆深圳國際觸控式螢幕展覽會上，接受環球視聽的採訪，針對承大科技所創立的威夠投影幕品牌，在本屆深圳全觸展上，展出了一百英寸，規格十六比九的投影面板，這也是世界最大的投影面板，承大科技從此跨入了面板產業及醫療相關產業產品的製作，多元異素材的相關結合，已成爲承大科技未來十年的主要商品規劃。

第四章／回歸家庭，驚見長照需求……

「高齡長壽就是子女的福氣？」我常常這樣問自己，也問別人；看著同年齡層的友人們，家家都有本難念的經，讓我徹底體悟到，可以真正放心進入高齡安心退休的狀況，實屬罕見。

如今的我在研發新品時，如何改善並提升現代人的生活品質，如何以「不便」應「萬變」，已是企業經營的核心價值。

4-1

高齡長壽是子女的福氣？

自己進入六十歲之後，發現子女們各有所忙，而近幾年來，我已從工作崗位上稍稍退下來了；回想我這一輩的工作與生活的結合，進入了六十歲之後，人生的光景走了一大半，享受與家人共處的時光成爲人生下半場中最重要的事情之一，也因此讓我在與家人相處的過程中赫然發現一些狀況。個性使然，我反而又因此開啓了另一個研究方向，希望可以研發出更多對社會大眾有助益的商品。

「高齡長壽就是子女的福氣？」我常常這樣問自己，也這樣問別人；看著同年齡層的人家家有本難念的經，很少人可以說眞正放心地進入到高齡安心退休的狀況。

原因爲何呢？其實大家認眞去觀察，多數進入到此年齡層的人，不論事業成功與否，一旦回歸家庭想要含飴弄孫，不免發現孩子們各有所忙，如何顧好自己的身心健康，便成爲了一門功課，在我擔任公司研發團隊頭頭的日子中，改善生活型態所帶來的不便，已經讓我習慣「以不便應萬變。」

「長照」變成家人之間的甜蜜負擔

《康健》雜誌二〇二二年2月的報導〈不願面對的長照眞相：五星級住宿機構的美麗與哀愁〉中即點出，「臺灣長期照顧服務體系的建置，是以社區模式爲基礎，讓有需求的民眾在熟悉的住家附近，就能獲得所需要的服務；有些失能等級較嚴重或不方便在家照顧的狀況，通常就需要尋求住宿機構來接手。由於民眾消費能力差異懸殊，住宿型長照機構的等級也有許多選擇，近幾年標榜五星級飯店規格的長照機構，猶如雨後春筍般設立，即使收費高不可攀，仍有極高的詢問度。」

看著手上雜誌刊載的一字一句，這就是我們正在面臨的生活跟問題，現代不論是否與孩子同住，長期照顧已成爲每個家庭未來會遇到的問題，我常常聽到公司同仁屆臨退休，開始煩惱起自己的退休生活，有些可能是依然身體健健康康，可是孩子們各自忙碌，沒有時間陪伴？也有一些是因爲生活型態不同，溝通出現斷層，更有一些身體已開始面臨退化……，漸漸地，我開始把這些問題放在心上，將這些需求牢記下來，希望透過我的研發能改善這樣的問題。

我深信，先把身體的機能照顧好，讓自己透過肌肉自癒力，維持甚至回到身體靈活的狀態，身體健康了，生活型態自然就好。而我的第二個發現是，臺灣像極了日本！生得少，活得長！未來臺灣人口不僅僅高齡化，而且男女的壽命都延長很多，老齡照護將成爲誰的責任？老人、子女、政府？其實目前也很難說，只是我發現，雇用看護成爲現代家庭的喘息之道，但當經濟結構、性別分工、社會環境都已大不同，養兒不一定能夠防老，這就是一個時代趨勢的現況。

而在國外，這樣的狀況也相當嚴重，但現實的問題是，不少老員工也跟我抱怨，一想到要尋覓品質佳的照護機構，不是價格昂貴，就是得苦苦排隊，還有一個關鍵是家人的尊嚴。總而言之，如何兼顧家人心理與評估安養中心的設備，如何才可「既健康又有尊嚴」的度過人生下半場，已是二十一世紀的社會顯學。

4-2

肌肉代謝低下，急需解方救健康

回想我上述的幾個章節，不難發現工作佔了我人生的大部份，經歷幾段人生風浪，但很幸運，我依舊一直待在運動用品的行業別中，不曾離去。也因爲這樣的緣分，讓我明白健康的重要，所以保留了長期的運動習慣及關注透過運動護具來保養身體。認識我的人都說：「吳總！你的自律讓身材跟狀態一直維持在標準之上！」透過運動及規律的生活習慣，儘管我已屆齡半百，狀態依然較同齡人看起來健康且年輕許多。

雖然我每年依然有做健康檢查以及日常自我檢視的習慣，身體的機能依舊有緩步老化的狀態，故而不免俗地也發現幾個醫生無法解決的問題，例如臟器機能的退化及體力、專注力不如從前等。

剛開始的時候，我也會有點小小的挫折感，心想「奇怪了，我都有在運動，怎麼還是走一段路，就要休息了？」記得第一次發現自己體能狀態的退化，當時心裡不免擔心……。

後來我詢問了很多有在運動的朋友，大家是不是跟我一樣？沒想到回覆也是「沒錯，就是這樣！」因爲大家雖然都有維持運動習慣，可是身體的代謝會改變，尤其是平時如果有運動，身體忽然之間停止運動，肌肉也會隨著年齡減少甚至鬆弛。

長期運動，肌肉卻隨年齡減少？

不少健康相關書籍也提及：「隨著年齡增長，肌肉會不停流失，過了四十歲，每十年流失約百分之八的肌肉量，肌肉不僅能支撐人體、維持行動力，肌肉量下降更會增加失能、臥床的風險。」這時候我才意識到自己已經流失了很多的肌肉而不自知。且在我認眞研究後發現，這樣的狀況國內外都有，例如日本國立長壽研究中心老年內醫科醫療長前田圭介，曾於《康健》所舉辦「二〇二一年高齡國際趨勢論壇」中指出，根據日本調查報告，住院的老人每天站立、活動的時間僅有四十三分鐘，而在住院之後，有百分之十五的長輩罹患肌少症。

原來這樣的狀況不是只會發生在我個人身上，而是隨著年齡增加或生活運動習慣的改變，也會造成肌少症的產生。有一次，我去找中醫師做推拿，我也發現，肌肉流失居然是許多銀髮族晚年臥床且受到慢性病折磨的主因之一；我也進而理解，除了年紀大造成肌少症，因爲疫情期間，現代人活動力下降、還有疾病住院因素、營養攝取不足等也有可能會產生繼發性的肌少症。曾有醫學研究指出，「銀髮族會因爲慢性病而住院，住院期間就可能導致肌肉流失；年輕人也是如此，例如腿部骨折、打石膏，都不動的結果，受傷的那隻腳會比健康的另一隻腳瘦一大半。」記得當時看到這裡，我趕緊舉起自己的雙腳看看，確定左腳的肌肉是否有比右腳要大？

我在二〇一四年接受媒體訪問時就曾經提及，「以人爲本，關愛健康」是我的初衷。所以在發現那麼多問題後，我會在第五章中，針對以下狀況一一分析，也讓大家了解不同的狀況、不同的人應該要怎麼預防。

很多人問我：「爲何要這麼固執經營醫療類產品二十多年？」我當時候就相當感慨，我認爲目前全球很多國家出現人口老齡化，加上文明病及癌症患者不斷增長，分享醫療類的產品不僅意義重大，更是充滿了對生命和社會的關愛。當然，隨著人口老齡化的加劇，越來越多家庭需要投入加倍心力與財力來照顧家人，甚至有研究數據指出，家中若有一個生病的老人，通常需要四個成員輪番照顧。總之，病人痛苦，照顧的人同樣苦不堪言。

承大科技研發的醫療類產品，旨在減輕家庭壓力和負擔，同時用實際行動呼籲政府更加關注這個領域，提前預防人口老齡化可能帶來的各種問題，一路走來已將近十年的研發方針，始終如一。

4-3

醫療費用成負擔，子女壓力爆棚

有一回詢問來採訪我的記者朋友：「大家有認眞想過，長期醫療費用是多少？」而就這個問題，我所得到的答案便相當有趣。

四十多歲的記者小姐說，「沒有耶，我們沒有想過，因爲還年輕阿，才四十歲還久！」「沒關係的啦，現在都有孩子在，他們也還在賺錢，不用擔心啦！遇到再說。」、「我有運動啊，應該不會長期臥床。」以上的答案都有，不論哪一種，我們都接受。而讓我感到比較有趣的一點是，當我詢問大家有沒有理財規劃，有沒有保險？有沒有投資？有沒有孩子的教育金的時候，很多人都會有完善的規劃，甚至已經幫孩子規劃到大學、研究所，但是對於

「長期醫療費用」卻是沒有想法。

我又深入的詢問：「蕭小姐，妳知道一個優質長照中心的照顧費用一個月是多少嗎？」記者小姐還是搖搖頭，因爲沒有事前的規劃，當家中長輩需要長期醫療照護的時候，可能就需要放下手上的工作，多一個人力回家照顧，甚至，龐大的醫療費用，也有可能讓一家人陷入愁雲慘霧中，諸如此類的狀況，在周邊同齡朋友中多爲進行式，而長期的醫療費用也著實成爲了一筆家中的龐大壓力。

自三十五歲開始，每年應該準備多少預算來預防未來的管理費用。舉例來說：建議一般上班族，意識到身體照顧的部分；約在三十五歲之後，應該要從收入中每月撥出三千元爲長期醫療費用，一年約三萬六千元，投資在自己的健康上。

完成自主健康管理，降低未來醫療費用

當我們面臨這樣問題以及狀況，我們不免思及，那麼如果透過「自主健康管

理」是不是就可以提早降低未來的醫療費用呢？或是，透過及早的預防，是不是就可以減輕家中長輩們的焦慮感，提升對於長者尊嚴的安全感呢？

在普遍的華人社會中，長者們都是心疼自己的孩子們，雖然嘴上不說，心裡都偏向於不要造成孩子們生活的負累，而且不論活到多少歲，依然想要擔任強者的位置，保護自己的孩子們；將心比心，如果一個家庭中大家都有共識，一起透過「自主健康管理」來守護家人的健康，是否就可以第一、降低家中未來醫療的費用，第二、甚至提升家人們健康指數，第三、讓大家都各自過自己想要的生活，產生三贏的狀態。

思及此，我也將近年來我在同年齡層間發生的問題，先提出來，寫在第四章節中，希望讓大家建立進入下一人生階段的感知，提早知道、提早預防、美好人生，一直是我人生中的寫照，不論是在商業經營上，或者是人生規劃、健康管理上，都運用得宜。

4-4

永續產業回饋社會—創建萬倍爾

說起我的太太，除了在工作上支持我外，她也是一個相當孝順的女性，娘家阿媽非常長壽，面臨身體退化，她總是希望給予阿媽最好的照顧，所以當我們有能力研發新的產品，來滿足長期臥床的人需求時，她第一個就想到她的阿媽。

大家有過照顧病人的經驗嗎？是一天？還是兩天？多數人年輕的時候，最多是生產時的陪伴，約一個月就算是很長時間的經驗了吧！那麼要長期照顧一個病人，需要多久的時間陪伴呢？很多人可能還沒有這樣的經驗。

當我們偶爾回去探望老人家的時候，太太的阿媽年紀漸長，身體也大不如前，加上長期臥床相當不舒服，狀態頻傳……而內人相當孝順，幾乎有時間就陪伴在阿媽身旁，當時的狀況，我們感同身受，所以，除了把這份感受記下來，我也希望可以幫助更多人，所以我們後來創辦萬倍爾科技，研發的商品就是從人本關懷的概念上去發想，讓使用者可以提早達成自主健康管理的目標，減輕居家臥床的不適感，也讓長期照顧的人們可以較爲輕鬆，不要把生活品質放棄了，失去快樂及自由。

專業並非「長照」的唯一解方

據醫療雜誌統計指出，臺灣人平均壽命的延長速度比全球快很多，但生育率下降速度也比全球快很多。估計在二〇二五年，臺灣老年人口會超過兩成，而在二〇六〇年，臺灣邁入超高齡社會後，年人口更會竄升到四成，臺灣恐會成爲「全球最老的國家」，政府理應制定相關政策，有所因應才是。我自己觀察到，由於每個人思考角度不同，換位思考的角度又因爲生活經驗、環境、價值觀而有所不同，很難要求每個人都能夠設身處地爲人著想，甚至是醫病關係，也會延伸出不少的抱怨跟火氣。

醫生遇到了長期照顧的病人，專業也許並非唯一的解決之道，畢竟醫生的專業是對症下藥而非長期調整，或許可解決一時的問題，但我們無法把「愛自己」的責任丟給醫生。遑論在醫療照顧的角度上，家人並非總是犧牲奉獻的一方，它其實是有其它選擇的，只要透過「有方法」、「有系統」、「有恆心」的健康自主管理規劃，循序漸進即可。

此外，內政部也表示，隨著醫療水準的提升、重視食安問題、生活品質提高及運動風氣盛行，國人近年來平均壽命從二〇〇〇年的七十九點二歲，增至二〇二一年的八十六歲，生命長度均値爲八十六歲，換句話說，當平均壽命越來越長，生活長度又是多長呢？我認爲應該是七十七歲左右，畢竟就字面上而言，「生命長度」與「生活長度」是相當不同的，因爲我們壽命這樣長，生活品質並不會也是這樣長，因爲有可能未來臥床期約爲八至十年，這中間毫無生活品質可言。

現在！請大家認眞思考自己的未來，「生命需要先投入種子」。就現今社會狀況來說，因大環境改變所面臨的醫病關係、長期照顧需求肯定是重要議題。

「態度決定未來」是我始終秉持的人生觀！就像當時面臨工作上的巨浪，我選擇轉型甚至擴大經營，那麼在生活、健康上的巨浪，我們又能爲自己做出什麼樣的解方呢？在下一個章節中，我們會更深入地提及，退休族群可能會面臨的三大狀況：憂鬱、失智、糖尿病，如何因應？以及如何提升人體肌耐力與自癒力，拉升幸福指數等，從根本問題開始一一解套。

運用科技對抗肌少症，研發新品全球上市

許多醫學報導指出：「三十歲開始是人體骨骼、肌肉的分水嶺，隨著年齡漸長，每年自然流失約百分之零點一至百分之一的肌肉；四十歲之後，平均每十年更減少百分之八；直到六十歲後，流失速度再加快，平均每十年將會減少百分之十五。」換言之，肌少症將是全體人類遲早都要面對的問題。但就我個人四十幾

年來的研究發現，因爲人種不同，判斷身體狀況的方式也迴異，加上肌少症通常伴隨老化而來，近年來因爲滑世代盛行，現代人運動量大減，肌少症或肌耐力不足的狀況已出現年輕化趨勢。而肌少症正因是人體肌肉的質量減少所致，故而包括肌肉量減少、肌肉功能降低、體能表現欠佳等三低情況，正是其最常見的表徵之一。醫學報導也曾專文指出，日常生活中若動不動就覺得疲累、走路緩慢、從椅子上起身吃力，雙手無力，如毛巾擰不乾、瓶蓋轉不開等，這些都有可能是肌少症的徵兆，而可怕的是，上述情況還常被我們忽略甚至延誤治療……。

坊間有很多教大家如何遠離肌少症的方式，例如均衡攝取人體所需營養及維持規律運動的習慣，這是維持身體健康的兩大關鍵，想要遠離肌少症則更要兩者兼顧，光只補充營養卻沒有配合運動習慣，蛋白質無法有效提供給肌肉使用，大家即使吃再多也留不住肌肉。

不過，針對提升肌耐力，我們又該如何判斷市售商品與萬倍爾之間的差異？

相較於一般市售知名品牌以及醫療需求的低周波儀器，創新的 MAXPAL 商品在設計概念上，對應人體神經原，以達到訓練肌耐力的效果。因爲人體結構不會改變，所以需要刺激，系列商品自然應運而生。萬倍爾 MAXPAL 目前研發的商品，主要的架構及原理是：

1.結合「導電材」跟「設計醫療器材」：這是萬倍爾 MAXPAL 導電紡織科技儀器的核心技術，目前也已申請到醫療販售許可證、歐盟與美國製造許可證等國際技術認可。且電子產品皆符合法規規定，透過 NCC 審核以及衛服部的檢驗，操作簡單且保證使用安心。

2.系統整合上傳雲端，環保愛地球：整套的萬倍爾 MAXPAL 皆設有藍芽接收器，使用時可與 WIFI、雲端傳輸系統結合，針對消費者端以及晶片端來操控 cloud、物聯網資訊的資料。加上使用時需要噴水，故而需以「水」爲介質，此舉更可滿足「碳中和」以及「碳達鋒」的環保新概念。

使用萬倍爾 MAXPAL 導電紡織科技儀器時，耗材是免費的，不用二次採購，使用性是永遠的；而一般醫療相關電波儀器價格高達幾千美金，耗材也需重複購買，相當不環保。

活用低週波治療器，有效緩解肌少症

相信有些人看到這裡，可能都會萬倍爾 MAXPAL 導電紡織科技儀器與市售的低周波共振儀器作比較，但其實兩者皆差異頗大。主要在於低周波只能影響到肌肉表層，很難提升肌耐力，而萬倍爾 MAXPAL 導電紡織科技儀的專利導電布，可以引導仟點導電深入皮膚底層，每個小點觸動上千條運動神經，人體48萬個運動神經元可讓肌肉纖維一條至二千條產生深度運動，影響二萬五千萬條肌纖維運動，帶動且加速血管跟壓迫骨骼，增加肌肉量與提升肌耐力，減緩肌少症的發生。

而「低週波治療器」或稱「經皮神經電刺激器」（Transcutaneous electrical nerve stimulator，TENS）屬於第二等級中等風險醫療器材，利用電流舒緩疼痛感，坊間使用率相當普及。

利用患者皮膚上的黏貼電極，將電流傳輸到患者體內進行刺激。當使用適當的電流參數（如電流強度、頻率、脈衝時間、波型等），輸入體內的電流會對神經系統進行刺激，使患者的肌肉放鬆，將有助於舒緩痠痛及減輕身體某些部位的不適。

萬倍爾 MAXPAL 專利研發的低週波治療器，則是使用導電紡織科技儀，藉此提升肌耐力。我建議可貼在局部，平日可使用儀器，周末假日再到戶外進行運動，相輔相成。此外，也可在感覺身體肌耐力漸漸提升後，減少在家使用儀器的頻率，例如原爲每周三次漸次降爲每周兩次等等，盡量達到不依賴器材卻仍可延續保健的狀況，進而達到解決長照狀況，回復正常肌耐力的狀態。

增加肌肉量與提升肌耐力，絕對是強化人體自主生活的兩大關鍵，從今起請開始籌謀健身計畫，提升肌耐力永遠不嫌晚，只要有心，健康永遠等著你我。

第五章／活得好，更要活得有尊嚴

話說自己已達到退休年齡，但什麼時間點比較好？

根據大多數人的生活模式及一些特殊狀況，我為大家做出以下四種標準的分析。

5-1

面對自己的未來，我準備好了嗎？

在人生理財曲線中，常常聽到有人對於自己的「退休年齡」無所規劃，所謂退休年齡是泛指身體狀況已經無法自行活動才退下來不工作嗎？我們要怎麼定義？是以「身體機能」定義？「心理狀態」定義？還是「社會狀態」做定義呢？或是「工作型態」？

首先，當然我們還是以社會上普遍的狀態做定義，就是我們常常在網路上閱讀的數據，多數人都會思考自己幾歲才可以退休（包含身體機能狀態、經濟狀況上的考量），但其實應該思考「適合」退休才對，因爲理想的退休年齡是有一定條件的。雖然臺灣目前法定退休年齡是六十五歲，但根據國外調查顯示：「工作到六十五歲才退休的人，平均年齡竟然只能再多活十八個月；五十五歲就退休的人，平均可活到八十歲；若是在五十歲前就退休的人，平均可活到八十六歲。」

爲什麼會有這樣的統計數據？那是因爲根據大多數人的生活模式，當然也有一些特殊的狀況，做出以下四種標準的分析：

1. 身體機能退化，影響健康狀況

很多人因爲身體使用過度、欠缺保養，從而影響了中老年後的健康狀況，身體因不堪負荷，往往就會讓人心生提早退休的念頭……，面對這種狀況，我想問問大家：「請問你手邊目前有多少錢？有沒有足夠的費用可以支付日常生活和醫療費用？」記得我曾在《康健》雜誌上閱讀到的資訊，「現代人退休後每年平均花在醫療上的費用，平均約四千三百美元（約合新台幣十三萬元），這還不包括長期照護費用。且無論如何，若有醫療病史，費用可能會更高。」

我也跟很多員工提過，假設財務條件可支持而身體健康情況良好，當然可以選擇提早退休，自在地享受退休生活！但畢竟世事並非皆盡如人意，當然也會有下面章節中我所提到的特殊狀況出現，因爲個人健康因素被迫退休，這不一定那麼愉快了！

2. 工作型態是否有退休期限制？

是否有退休年齡的限制？身邊也有不少人是有時間限制的，畢竟各行各業，工作型態不一樣，如建築營造、護理工作等勞力工作者，可能不到六十五歲就會因爲體力不堪負荷體或是身體機能退化，故而面臨退休。

反觀是靠腦力的工作者，通常可以遠端完成工作，那麼轉型爲顧問、特約、專案人員等職務，也可以拉長職業生涯，也就是說，身體機能影響相對較小，還是有機會愉快工作、生活，不見得必須離開原本的工作崗位。

3. 心理狀態──退休後生活的行程與計劃

退休後要做什麼?若無規劃，退休生活勢必會相當無聊，這是一個現實問題，一定要想清楚。許多調查均指出，「無聊」是退休人員重返工作崗位或衰老加速的原因之一，在後續章節中我們也會提及，退休族群將會面臨的三大問題，其中一個就是退休後才引發身體出現狀況。

主因就是沒有事先規劃好退休生活!對於長年工作的人來說，重心轉移且沒有規劃感興趣的事、想參加的課程等，那麼無限的空閒時間，將會讓你的退休生活很快地陷入無聊的窘境中，隨之而生的憂慮及無力感，也會對精神狀況產生耗損，若長期累積在心中便會成爲疾病的一種前兆與隱憂，進而影響身體健康。

4. 社會狀態──退休金多寡牽動退休年齡

退休金帳戶金額有多少？這也會影響理想退休年齡，通常努力存錢與投資理財可讓你隨時想退就退，而貧乏的儲蓄則會讓人覺得自己必須永遠工作賺錢。

我認爲，想要擁有良好的退休生活品質，其中一個重點不是在於退休帳戶裡有多少錢？而是在於「退休帳戶的金額可以支撐多久？」開源節流一定是最好的方式！常常聽到朋友說：「今天不養生，明天養醫生」，所以從上述的幾種狀態中我們可以理解，不是所有工作、所有人都已準備好要退休，也有不少人是想要在身體狀況許可下，延後自己退休的時間。就像我們剛剛已經提過的，長期勞動者雖然可能因爲身體出現狀況而被迫提早退休，但假設我們可以找對方法協助他們減輕狀況，他們自然就可以持續工作了！

就像年前小學同學來找我，乍見與我同年齡的他，我一時之間還差點認不出來……，因爲必須長期站在市場攤位賣麵的工作，讓他其實也耗損不少。如今好不容易存夠了錢可以退休，卻發現右手大拇指與食指之間舉不起來，也就是我們常說的「剪刀手」，我馬上幫他觀察、調整，甚至請同仁幫他訂做適合的護具，一心只想讓他感覺舒服一點。後來，他回覆我表示手痛改善許多，讓我相當欣慰。

也有一些婆婆媽媽跟我說，屆臨半退休的年紀，所以幫家裡的孩子帶小孫子，但卻因爲身體不堪勞累，才五十多歲就出現肩膀痠痛的毛病，一去看中醫才知道這個叫做「五十肩」，每天早上都被痠痛叫起床，實在非常難受……，畢竟帶孫子的喜悅往往會讓人忽略了自己已退化的身體機能，甚至連腰酸背痛也不敢說，所以我免費提供她們使用萬倍爾研發的系列商品，讓她們可以舒緩疼痛，而在回應她們的答謝時，我總說：「看到大家開心的笑容，就是我最好的反饋。」

經商多年的初心就是以「人」爲本，見到有需求上門求助的消費者，我總是很想幫助大家，加上研發醫療護具多年，我又特別喜歡分享好東西，所以只要碰上有需要的人，我往往就會邀請他們來試試萬倍爾的新商品。畢竟可以持續體力做自己喜歡的事情，不需要受到兒女或外傭的照顧與牽制，甚至找回年輕時的工作熱情，這是多麼令人興奮的事情啊！總之，現代人對工作、出遊提不起勁，主要原因還是來自於身體機能退化或體能逐漸降低，不可不愼。

5-2

提早退休，就是活得比較好？

過新年的時候，不少退休的同仁都會回承大科技跟我祝福，我們也會一起聊聊近況，當然除了對於新的一年，大家都會互相關心，也彼此祝福彼此身體健康。現代人都注意養生，我也會詢問他們退休生活還愉快嗎？彼此的互動相當良好。他們會跟我說：「吳總，還是懷念上班的時候，有事做不用擔心錢，心裡有重心，人也比較不會生病。每天上班的路程當運動，現在大門都沒有踏出一步，早上起來就坐在電視機前面，健康也每日遞減……」，我當下聽了就很緊張，這樣的退休生活眞的比較好嗎？

其實人的身體是需要保養的！

養生可以預防疾病，畢竟「預防勝於治療」，當生活型態改變，我們也看到警訊，如果不提早預防，等到生病需要治療時可能就非常麻煩了，那麼從離職同仁與我的對話中，我看到了警訊，「每天都坐在電視機前面，居家也沒有固定的運動量。」

我跟同仁說：「退休後如果沒有健康的身體，你只是在準備付給醫院的醫藥費而已，你根本無法好好享受退休生活，從現在開始，要讓出時間規律做運動且養成習慣，維持身體的肌耐力，因爲肌肉若不動作是會逐漸萎縮的，小病小痛也因此產生！要想辦法讓健康狀況維持在中上水準，否則老年跑安養院、看護費用將會耗掉你大部份的退休金，搞壞身體吃老本！」他們聽完後赫然發現，原來日常生活型態的改變，影響竟會這麼大，甚至已經開始影響自己的人生。所謂「懂得保養身體，身體就會善意回應你，讓你精氣神十足。」我甚至開玩笑說，若缺乏適度運動，搞不好有一天你會驚覺，自己竟連擰乾一條毛巾的力氣都沒有了！

與生活息息相關的運動醫學

就像我們上述提及的剪刀手、五十肩等症狀，都是因爲肌肉纖維化而來，畢竟人體的病痛跟肌肉沾黏關係密切，當肌肉過度使用或手術後出現後遺症，也會造成關節軟組織出現撕裂傷，在癒合的過程中產生疤痕組織，導致沾黏現象的產生。也有很多人受苦於這樣的狀況，一旦肌肉變短或伸長時，就會因無法進行某個姿勢很變得疼痛，我們會發現這些人的動作往往不夠流暢，嚴重者甚至會有緊繃、疼痛感，深深困擾著我們的正常生活。但是透過運動醫學的完成，也會有一些人可以改善這些生活情況。一般來說，我們發現運動醫學分爲主動運動（例如健身房、爬山以及跑步等），被動運動（例如油壓、按摩等），而運動神經元透過運動，可讓肌肉富有彈性且產生肌力。

如果肌肉可以透過運動醫學的方式回到百分之七十五到百分之九十五的強度，就可以恢復身體健康，可說相當重要，但如果沒有辦法執行這樣的動作，就可能得透過達數千導電點的紡織科技，觸及皮膚上四十八萬條運動神經元，將鉛點導電深入底層，促進肌肉中的二千五百萬條肌纖維來產生肌肉運動，讓肌肉壓迫血管，加速血液循環，也讓肌肉壓迫骨骼來增加骨質密度。一旦達到這樣的效果，肌肉不再沾黏，便可快速舒展全身，取代平時自行運動的不易，徹底改善身體狀態。

讓肌肉產生運動的效果，才能讓肌肉回復強健狀態，不論是運動醫學還是透過紡織科技的進步，都可以讓我們的身體更健康且減緩老化、衰退，並且避免行爲調適後所產生的差異，導致出現文明病症或身體衰弱。

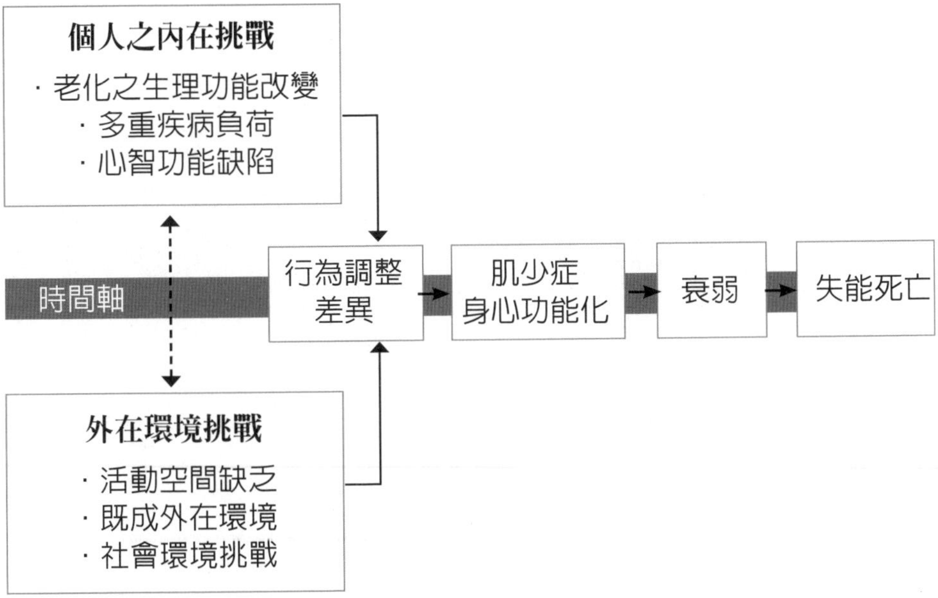

5-3

失智、憂鬱症、糖尿病—退休族群三大隱憂

在上述的章節中，我們提及了不少的「退休」狀況，其實就算不退休，只要人體長期處於倦怠的狀況下，也有可能會發生「亞健康」的狀況。

只是什麼是「亞健康」呢？

我發現在不少坊間的醫學報導指出，「亞健康」大多是看不太出來的，是指人體處於健康與疾病之間，似病非病且不夠健康的一種過渡狀態，或稱爲一種灰色狀態，也可能爲第三狀態。而要談「亞健康」狀態，首先要搞清怎麼才算健康？而甚麼又是疾病？

健康，就是過去人們認爲沒病痛，或

是明顯的醫療症狀就算健康；然而近年來，人們對健康認識大幅提高，世界衛生組織也重新對人體健康做出定義：健康，不僅是沒有疾病、不虛弱，而是身心和社會適應的完好狀態。基本上，包括肌體和精神狀態的一些具體表現，它就是衡量你是否健康的標準。當然，退休後我們可能有過多時間，或是生活較爲悠閒，也可能因爲環境變動（例如疫情、子女狀況、財富經濟變動）而產生長期心情不佳的狀況，也有可能是過於寂寞，導致每天不想起床、不想動、精神欠佳，甚至是飲食習慣不好導致身體代謝失調，例如每天「暴飲暴食」導致糖尿病，即是一例。

「亞健康」狀態——現代人文明病的警訊

大多數病人感到痛苦或暫時沒有不適感，體檢時，客觀上已證實有病。但還是有相當多數的人自己感到不舒服，如身體疲乏等，跑遍各大醫院也檢查不出個所以然，或單純檢測出某些指標有輕度異常，但依舊構不上疾病診斷標準，而我們對這些身心狀況不算完好，既非健康也不算疾病的一群，我就會稱這種狀態爲亞健康狀態，也有人笑稱這是「富貴病」。身邊有些友人，不論是什麼樣的狀況下退休，剛開始時，生活沒有重心，故也漸漸會趨於「亞健康」的前兆！例如每天早上起床時就不知道接下來要做什麼？本來想說要去運動，結果運動次數竟越來越少，起床後開始大吃大喝，或是只會找朋友聚會聊天喝酒，反而讓身體負擔越來越大，這時罹患糖尿病的機率就會偏高。

我也發現了這樣的狀況，上網一查，發現醫療中有一種針對退休族群的身心狀況所做的評量，例如不論活得好或不好，但就是容易出現忘東忘西的情況，而這就被近幾年的醫學報導歸類爲「亞健康狀態」—意指雖然還未患病，但已有程度不同的患病危險因素，具有發生某種疾病的高危傾向，也就是說，「亞健康」狀態往往是許多疾病的先兆。

跟我比對很多人的狀態是一樣的；就像在公園裡遇到很多退休族群，如果不運動，就會多爲精神不振、頭昏失眠、心慌、焦慮等；生理上，表現爲疲勞，稍動即累，腰痛腿痛，易感冒等，透過這樣的研究，我們也發現：亞健康人群普遍存在，而且有「六高一低」和「一多三減退」的狀況。

什麼是「六高一低」？就是在體力上、心理上高負荷，高血壓、高血脂、高血糖、高血粘和高體重以及免疫功能低下。而「一多三減退」則是指疲勞多、活力減退、反應能力減退和適應能力減退。根據有關醫學相關資料統計，指出目前符合世界衛生組織健康標準的人約佔百分之十五，患各種疾病的人亦約佔百分之十五，剩下呢？就是大家都認爲沒有病症，但是占大多數的亞健康狀態人，居然高達約七成！其中，又以「中老年人」亞健康狀態的比例比較高。如果沒有注意的情況之下，就眞的會因爲生活習慣，如每日缺乏運動、因爲焦慮而暴飲暴食，影響身體肝臟、胰臟跟核心肌群。

我在此也分享糖尿病產生的主因，主要是因爲醣類需要經由肝臟消耗醣類、胰臟分泌胰島素消耗醣類，還要有核心肌群來消耗醣類，有些人暴飲暴食，若沒有睡足夠或出現脂肪肝，因爲肝臟狀況不佳影響人體代謝醣類；或是過度肥胖，亦導致高血糖發生，血糖會讓血管硬化，也有可能破裂，造成身體不健康。故消化高血糖的人，不僅肝臟要好、胰島素要好、核心肌群夠強，這樣糖尿病的機率就會降低。

爲什麼核心肌群重要呢？試想，我們每天通勤上下班，平時走路、與人聊天、開會，身體肌肉都在不自覺地運動中，人體一天需要代謝掉多少糖份是固定的，如果這些運動減少了，糖分代謝不掉，就會轉存在血液裡，變成血糖過高，這就是糖尿病的前兆。但反觀若核心肌群的強度夠，身體會自然代謝掉這些糖分，自然可以維持血糖穩定，糖尿病發生的可能性便會大幅降低。

息息相關，飲食習慣vs.身體狀態

近年來現代人的精緻飲食（例如喜歡吃下午茶、白米飯以及麵包類等），以及因工時過長無法運動的生活模式（例如工程師、行政人員等），這已是積習難改，身體自然就有過多的能量無法正常消化。

我們來歸類一下正常狀況，一般人在進食之後，食物在消化分解過程中會產生葡萄糖，胰臟就會分泌「胰島素」讓葡萄糖進入細胞內、轉換成能量，讓我們身體有足夠的能量可以進行各種活動。

那生病了的身體，就是血液中的糖分變多，但糖分沒辦法變成熱量、也沒辦法被身體利用，我發現就只能靠「認眞運動與節制飲食！」當然在運動上，我們都會希望一週最少三次重訓、三次有氧，爲什麼呢？因爲很多人都說他有走操場，可是其實沒有運用到全身肌肉，效果就不一樣，代謝也不一樣。此外，不論是不是退休族群都要養成「三餐七分飽」的習慣，盡量少吃加工食物並減糖／醣，可以的話，進食時先吃蛋白質再吃蔬菜（深綠色蔬菜較佳），少喝飲料，最後是澱粉類的攝取時間，盡量放在午餐。

那又有什麼東西要少吃？那就是盡量不吃辣、不吃醋、不吃蒜，任何開胃的調味料都少碰；此外不喝湯、不吃粥，因爲流質食物不易有飽足感，而且湯品的鈉含量通常很高。我則是在很多朋友分享經驗中發現，除了上述的飲食控制，更重要的是肌力的提升；過去很多人認爲糖尿病患者必須吃低GI飲食，目的是爲了讓自己血糖不要變化太大，其實運動也是相當重要的，唯有讓身體透過好的方式提升肌肉能量，代謝掉身體不需要的熱量，才能讓身體氣血跟骨骼回復到正常的運作狀況。

退休族逐年飆升，逾 1 成陷憂鬱

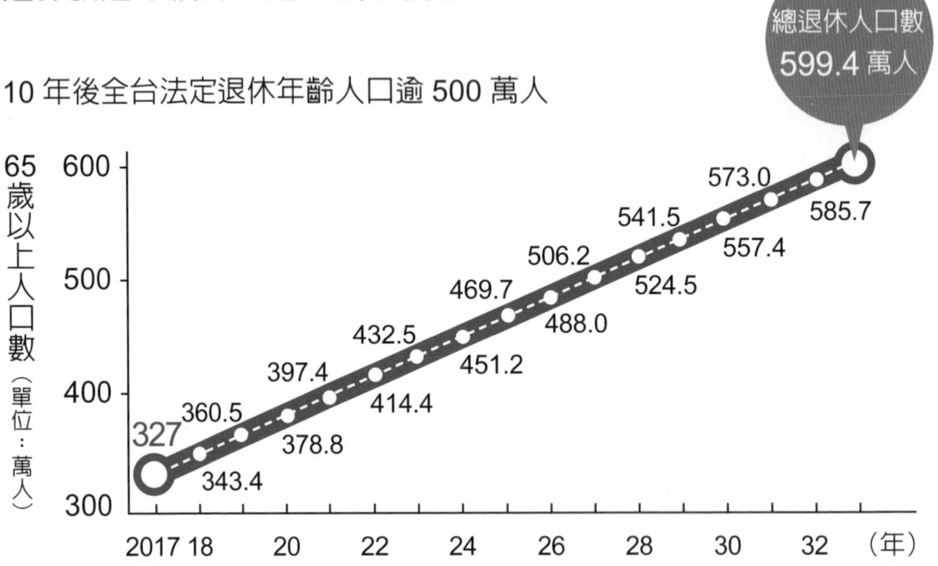

資料來源：國家發展基金會

65 歲以上長者，罹患憂鬱症比例是年輕人的 8.2 倍

年齡別	人口（萬人）	服抗憂鬱症藥（萬人）	服抗憂鬱症藥人口比率
30 歲以下	820.1	11.7	1.4%
31 ～ 40 歲	400.3	15.4	3.9%
41 ～ 50 歲	368.4	20.0	5.4%
50 ～ 65 歲	490.8	35.6	7.3%
65 歲以上	333.2	38.2	11.5%
合計	2412.8	121.0	5.0%

資料來源：《康健》雜誌

5-4

提升肌力與自癒力的人生

打從年輕起，我就投入了很多時間在事業上，在創辦大來運動用品時，爲了研發商品，我投入很多時間去理解什麼是運動醫學？看到很多人因爲運動受傷，或可能因肌肉運動量不夠，肌肉強度欠佳，導致肌肉提早退縮進入老化的現象。

在運動醫學裡面，有提及人體就是一個高度自我調適機器，肌肉也會有階段性的不同，從年輕期進入中年，最後是老年階段，如此一來，肌肉若沒有持續增強跟鍛鍊運動強度，便會逐漸鬆弛且肌肉缺乏強度，無法支撐身體及產生代謝醣份的能力。而一旦進入健身強度，讓身體重複受到同樣挑戰時，人體就會漸漸適應，運動量增加時，身體就會將碳水化合物轉化成能量並傳遞給肌肉。根據統計，經過十五分鐘激烈活動後，能量供應就會用盡，這時身體被迫向能量庫求救，便會轉而拿人體內的脂肪當做燃料，提供能量。

我也在許多經驗法則裡發現，如今找上中風、復健科的門診的病人爲什麼越來越多？這就是因爲現代人退休後生活型態改變），或是隨著年齡增長，肌肉逐漸缺乏運動量，身體開始出現找不到病因的痠痛與疲倦。門診醫生會建議病人使用熱敷、復健、針灸等方式改善，但往往不得其法，原因就是根本的肌肉強度沒有提升且回復到年輕時的狀態，當肌肉擁有自癒力，藉著平時鍛鍊身體執行難度較高的動作，例如運動後背部的斜方肌、腹肌或鍛鍊核心肌群等，即可逐步讓肌肉從老年回復到中年狀態，長期鍛鍊後更有望讓肌肉強度回復至正常的彈性。

拉高幸福指數，減少人生最後的痛

那麼我們可以透過什麼樣的運動呢？一般來說，以我個人練習及與醫師討論過後發現，間歇性的訓練較能避免身體出現停滯的狀況，讓我們的熱量及脂肪可

核心肌群 CORE

- 人體地圖上的「地理位置」來定義
- 位於軀幹中央之「腰椎骨盆區域」的所有肌群
- 穩定的近端才能以有效率的動力鍊（kinetic chain）傳遞力量，提供遠端肢體的活動度

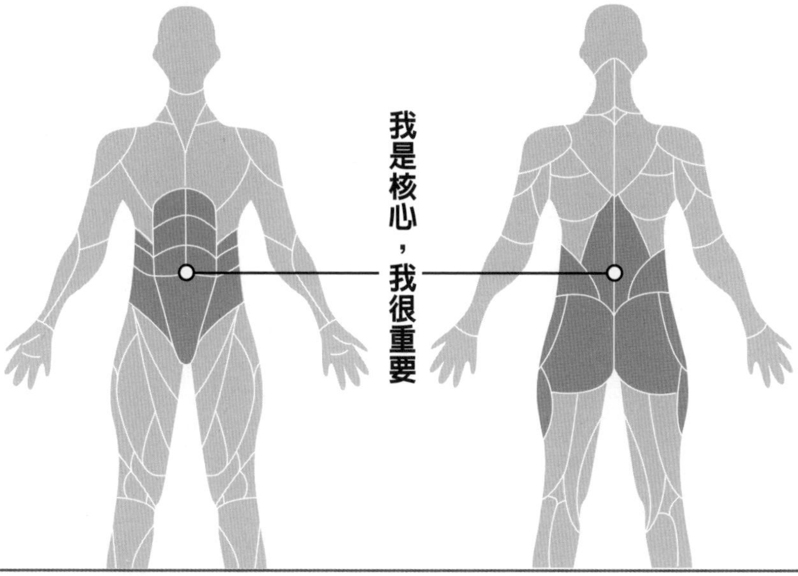

資料來源：《康健》雜誌

以充分燃燒，也會增加心肺功能及含氧容積，更棒的是，一天只需二十至三十分鐘，在家練習即可。

目前隨著後疫情時代的來臨，大家居家的時間越來越長，無法再像過去一樣控制運動型態，如打壁球、游泳等，這些瞬間爆發力的燃燒，現在可能僅能在居家中做些步行等簡單運動，或是透過更先進的儀器，來取代掉主動運動的功能，增加運動空間不足的問題。

那麼我最近期在家鍛鍊的時候發現，如果用手機搭配低周波儀器，也可以達到間歇性運動的效果。在一開始運動時，我放網路上的運動音樂，然用緩慢的速度做五分鐘暖身，讓血液流入心臟和肌肉、潤滑關節。當你開始感覺微熱，心跳和呼吸稍微加快，你就可以準備開始間歇訓練，主要以提升心肺功能爲主。那麼在交替的技巧上，我會挑選適合的音樂，做二分鐘的激烈運動，接著放慢速度約一至二分鐘，持續好幾次，就會讓我的呼吸急促，然後進入呼吸平緩期，讓身體運動，利用網路上的運動動作增加持續局部鍛鍊肌肉，回到復原期。

在衝刺期與復原期交替，總共做二十分鐘，在你察覺流汗以前，訓練就已經結束了。許多跑步機、腳踏車風輪機、階梯踏板以及其他各種類型的健身器材，都有預設間歇訓練的選項可自動改變速度、阻力或機器的傾斜度，增加或減少鍛鍊的強度。

在家裡如果可以透過器材，以每天鍛鍊做一個基準，二十分鐘間隔訓練不但能鍛鍊身體能加速燃燒脂肪的代謝。間歇訓練不但節省時間、效率也高，也減少運動傷害。當然，如果搭配更多的戶外運動，可以長距離跑步、騎腳踏車或其他耐力運動，不過針對居家的族群，我個人經驗是，要將間歇訓練與每天的鍛練課程結合，就是自己搭配喜歡的音樂強度，不要全程都保持著平穩的速度（慢歌），最好將衝刺期（快歌）與復原期間歇（慢歌）的穿插加入，以幫你鍛鍊出一個更強壯、更有彈性的心臟與肺臟。鍛鍊出更大的肌肉後，也能增加你的速度與力量，讓我們退休生活更美好，流失的肌肉能量可透過鍛鍊及輔助來回到最佳狀況，拉高人生的幸福指數。

我也是一直秉持著這樣的信念，所以後來研發了萬倍爾的系列商品，有一組，我自己就全身貼了七個顏色的設定，用局部的磁波調整，例如背部、上手臂、小腿等，然後用不同的紅色、橘色等顏色設定，透過平板電腦上每天記錄我的局部肌肉健康狀況，這也相當有效，就是在我們無法主動運動或居家空間受到限制時，也可以達到「提升肌肉強度」方式之一。

最後，面臨第五章節一開始所提到的退休後的問題，經我觀察後發現，退休後不僅要活得長壽，也要活得好，才能提升人生的幸福感，本著這樣的初心，我希望每個人走到最後一段路時，不僅擁有健康的身體，也要有體體面面的尊嚴；目前很多長壽村、養生中心裡，爲什麼會住著這麼多身體機能退化的人，看似都過著不開心的生活，這大多數就是與我們前面提及的退休規劃及運動規劃不夠完善有關。

我們應該先想到的是：第一、如何提升生活品質，第二、低成本的照顧，第三、減輕照顧者的壓力，上述三點如果都想到也周全地實踐了，我們才能眞正幸福優退。然後，減少人生最後的痛苦，不是躺臥在病榻上，畢竟身體痛苦，心裡也痛苦，唯有做到提升身體的機能，降低躺在臥榻上的時間，才能眞正做到無痛人生。

第六章

／

美力人生—好，還要更好！

後疫情時代，承大科技以關心女性朋友的初衷，設計一系列方便使用又能健康及修復身體曲線的系列產品，市場好評不斷！

6-1

提升自信，從美的態度開始

全球在疫情不斷變化跟改變下，現代人每天的生活及行爲模式都受到波及，不時爆出來的疫情消息，甚至影響了多數人的生活，我觀察到以下幾種狀況最爲常見：

第一種：退休族群，減少外出，肌肉鬆垮不說，體態也相對變得中廣。

第二種：上班族群改爲居家辦公，久坐以及窩在螢幕前的狀況變多，加上沒有辦法外出運動，在每日飲食營養過剩的情況下，下半身開始長贅肉。

第三種：長照看顧人員變少，病患狀況無人關心，導致病患體力變差，身體機能更加退化。

不論是以上哪一種情況，現代人都有可能會因爲「少出門、少運動以及肌肉鬆弛」而對於鏡子裡的自己感到不滿意，漸漸失去自信；當然，過去我們在與人見面時，都會透過表情、聲音去營造氛圍，這時大家不妨自我檢視一下穿著體態的形象反饋。而我發現，自從人與人開始減少互動，加上居家辦公本就比較輕鬆，不論是穿著甚至照鏡子的機會都會越來越少，就像是日本年輕人常說的「繭居族」，繭居族一詞則是由英文 cocooning 翻譯過來，以該英文字來形容隱蔽一族。至於日本稱爲「ひきこもり」或者「引き籠もり」（羅馬字：hikikomori），運用網際網路工作，當然飲食失調外，因爲居家空間無法運動，也容易導致肥胖的產生。

被動居家防疫，肌肉持續運動

上述章節我們曾提及「有尊嚴的生活。」居家防疫後，我們也面臨一個問題，就是平時可以做的主動運動如今受限了，變成被動的居家防疫，肌肉無法持續運動。

針對目前疫情過後的狀況，我條列概要如下，如果我們早上起床沒有辦法去公園，那要怎麼活動自己的身體？如果在家空間太小，專注力很容易被外界引誘帶走，我們要怎麼達到減脂、增加肌肉強度的狀況？家中若已有身體退化的老人，是否可以重新訓練肌肉強度？我們在公園看到很多退休者的肌耐力及體態甚至比年輕人更健美，只要大家願意了解此書第五章、第六章的方法且運用在生活上，隨時調整自己，就能夠快速找回健康活力、精氣神十足。

近幾年在政府相關網站上，我們可以發現，各地方政府不斷在推廣「要活，就要動！」的觀念。在樂齡生活中，這是相當重要的一環，運動可以降低心血管疾病與阿茲海默症等疾病的發生率，我亦發現國民健康署指出，運動可以增加肌力，幫助長者預防肌肉流失，減少肌少症發生的機會！

承大科技因應時代趨勢，也針對居家運動研發不少適合的商品，不僅僅在彈性、鬆緊度以及纖維的舒適度上比以往更加重視，也希望在後疫情期間，大家都可以持續維持「美好體態，肌力人生。」此外，我發現居家時間過長還有一個現象，就是離床跟沙發太近，導致大家總是窩在沙發裡或躺臥在床上看手機……，須知這些生活習慣，也在不知不覺中影響你的身體健康。

除了老化，會流失肌肉之外，長期不運動、臥床、失能、營養不良等，也會造成肌少症。不少專業醫生在醫學雜誌上分享，「肌少症，也爲現代人文明病，除了會使長輩們活動力下降，還可能造成骨質疏鬆、代謝疾病，也會因下肢肌肉無力增加跌倒和骨折的風險。核

養成定時運動的好習慣，才能避免肌少症的發生。

心力量、腿部、臀部統稱爲下肢肌力，若是有持續運動及訓練者，不僅可以減緩肌肉流失，還能增加肌肉力量，即使年紀大生病，也不會立刻變得衰弱。」

所以，克服空間問題後還是要居家運動，我在此分享給大家，首先：

一、單腳起立：測驗下肢肌力夠不夠

若不知道自己是否有肌少症，其實最簡單的方式，就是坐在椅子上，雙手平舉在兩側不要扶任何物品，不要壓大腿，則一隻腳往前伸直，另一隻腳的力氣盡量維持平衡站起來，若無法單腳起立，可能就要考慮肌少症的危機。

既然無法外出到健身房做重量訓練，在家就可以輕鬆鍛鍊下肢肌力，在家中找一張堅固又穩定的椅子，藉由自身體重的阻力做訓練，就可以有效加強。

二、坐姿腿後肌伸展

將右腿往前伸直，膝蓋打直，雙手叉腰，背打直，抬頭挺胸，接著身體慢慢向前傾，腰保持直立，一次十下，一天三次，右腿做完換左腿。此時會覺得大腿跟小腿後側有伸展的感覺，無法順利單腳起立的時候，其實很多人不是因為大腿屁股沒力，而是另一隻腳抬不起來，可能是因為核心肌群不會出力，導致骨盆後傾彎腰，讓腿後側有緊繃感。腳如果有明顯的痠、痛、麻，請記得就醫，有可能是坐骨神經痛。

三、椅上深蹲

同樣拿一張椅子，上半身不彎曲，站直慢慢坐下到椅子上再慢慢起來，一次動作約三秒鐘，每次做十下，休息一下後重複三次。大腿前側及屁股後側感覺到緊繃、微痠是正常的。起立坐下都不要太快，站起來會比坐下相對簡單。練習後頂多會痠兩天，保持正常的作息習慣就可以。

一周至少訓練三次，大約兩周就能改善整體穩定度。平常很少活動的人，剛做完可能會覺得肌肉微痠，這時維持活動即可舒緩，當然我一開始練習的時候也很酸，後來就發現，越練就會越來越不痠痛了。

聽起來，一周三次是相當難達成的，畢竟在家想要自律，阻礙太多，不過面對未來工作型態跟生活方式的改變，大家要保持「好，還要更好！」的信心，就能調整健康體態，心情變好，提升免疫力。

6-2

打造彩虹人生的開端

大家在我的推廣跟推動下，開始從第五章開始理解規劃自己的生活，那麼我們常常跟孩子們、同事們分享，先把大基礎的身體搞好了，就可以開始修飾自己的小局部，誠如我一路走來的創業精神、研發理念，對於事業如此、商品如此，對於自己的身體也是如此。

一個人的行爲反應在他平常的生活模式上，例如：一個重視自己體態的人，就會時時注意自己攝取的熱量，以及注重挑選日常的飲食。從小女兒在我的耳濡目染下，也成爲了一個很棒的小主管，近期在居家防疫下，她也跟我分享她發現的幾個狀況，她表示自己看到很多同事長期坐著辦公，下半身循環都不太好，坊間甚至有中醫診所專做坐骨神經痛的門診……，那麼因爲自己公司就有相關商品，她姑且嘗試一下，發現不僅可讓身體回復到保健狀態，甚至連原本瘦不下的大腿跟腰間部位的線條曲線，都有明顯的改善，她也很滿意。

有時跟女兒開會聊起，她也會表示很多居家可做的運動太難持續，所以想要激化年輕人運動的動機！所以我們也請研發團隊針對不同的女性族群，設計很多彩虹般的顏色，讓商品在使用上除了實用、人性化且更有活力，當然，在家自拍運動的影像上傳

運動商品推陳出新，須以迎合年輕世代需求為主。

時，也會越來越有互動性跟樂趣可言，當然要跟上現在年輕人的潮流。

揮灑想像力，運動用品色系建功

後疫情時代，網路直播風潮盛行，對於多數國外的朋友來說，線上分享以及跨國伸展台大秀，也成爲了不少歐美知名品牌的選擇，如DIOR、CHANNEL等品牌自二〇二二年起，在網路上的流量甚至超過平時法國專櫃的人數，世界富豪都擠進線上品牌店的窄門。女兒一開始只是爲了讓家人更喜歡使用，所以大膽選用亮色系的設計，後來發現國外也相當喜歡這種充滿時尚感的運動用品色系，甚至會在線上訂購，也算是對研發團隊的另一種肯定。

設計出適合時代需求、勾勒人體需求、滿足心靈需求的商品，穿在人的身上，甚至除了讓人感到舒適，也會隨時想要動起來，甚至會在社群網站上秀給大家看，這眞是我從來沒想到的意外效果。

「好，還要更好」的女力美力人生，在每周三次的線上運動練習後，我們也開始做局部體雕的器材，讓大家坐在電腦前面，上半身敲打著鍵盤，也能讓低周波的電流，穿過小腹跟後背，也不用擔心沒去健身房就練不到核心肌群，相當有效果。

揮灑想像力，運動用品色系建功

後疫情時代，網路直播風潮盛行，對於多數國外的朋友來說，線上分享以及跨國伸展台大秀，也成爲了不少歐美知名品牌的選擇，如DIOR、CHANNEL等品牌自二〇二二年起，在網路上的流量甚至超過平時法國專櫃的人數，世界富豪都擠進線上品牌店的窄門。女兒一開始只是爲了讓家人更喜歡使用，所以大膽選用亮色系的設計，後來發現國外也相當喜歡這種充滿時尚感的運動用品色系，甚至會在線上訂購，也算是對研發團隊的另一種肯定。

設計出適合時代需求、勾勒人體需求、滿足心靈需求的商品，穿在人的身上，甚至除了讓人感到舒適，也會隨時想要動起來，甚至會在社群網站上秀給大家看，這眞是我從來沒想到的意外效果。

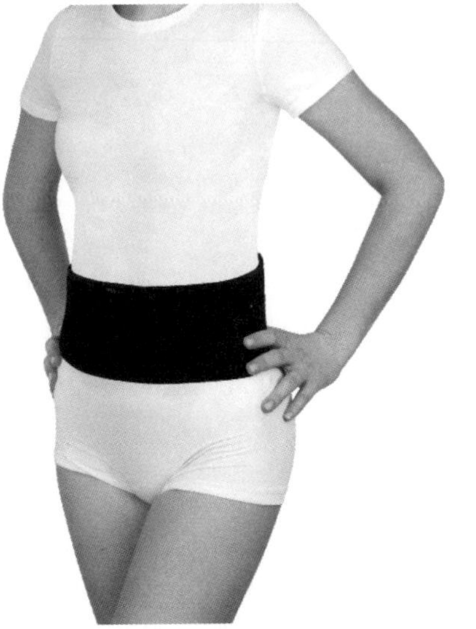

「好，還要更好」的女力美力人生，在每周三次的線上運動練習後，我們也開始做局部體雕的器材，讓大家坐在電腦前面，上半身敲打著鍵盤，也能讓低周波的電流，穿過小腹跟後背，也不用擔心沒去健身房就練不到核心肌群，相當有效果。

6-3 再次神采飛揚的秘密

不少人常常吃很多營養補充品，運動量卻沒有增加，肌肉強度也不夠，所以就沒有辦法讓氣血循環達到足夠的代謝；不論什麼性別、年齡、體能，都有可能遇到中醫提出「虛不受補」狀態，甚至是營養過剩的狀況。換句話說，就是我發現現代人吃的營養補給品都不差，可是爲什麼沒有辦法讓氣色變好變年輕？

根據醫學報導指出，身體沒有辦法代謝掉的營養，也會造成過多負擔，影響健康，尤其是現在大家都坐著上班居多，七成的核心肌肉都在下半身，所以加強下肢肌肉的運動，增加代謝與脂肪燃燒量，健身效果會比較好。

身體機能佳，氣色隨之紅潤

回歸到我們提及的主動運動部份，我也要提醒大家，其實過去有人聽了我的話，去爬山、攀岩，看似全身肌肉都有燃燒，但卻也發生一件事：肌力運動不能天天做，身體產生的痠痛往往會讓人想要放棄！大家開始運動時，可能會覺得全身痠痛，最後導致三天捕魚兩天曬網，換句話說，如何增強意志力？

其實，除了意志力外，大家一開始運動時，記得要選擇適合自己能力的運動，也不建議天天都動相同的部位，最好是周一練大腿、臀部（下半身），休息一天，周三時再加強手臂（上半身）、背部還有側邊腰身。只要足夠的運動量以及讓我們的肌肉回到自癒狀態，氣色都會越來越好，而且身體局部是不會復胖的，甚至身形變得好看了，穿任何的衣服也會更加挺拔，有自信又美麗。

女性身體機能，更需要細部呵護

不知道大家是否發現，年紀越大越容易變胖，導致整個人蹲不下去……，這就是肌耐力不足！而且因爲肌肉無力不會痛，很難讓人立即察覺。之前在中醫診所裡也有一些物理治療師會幫助大家復健卻難根治候？在醫病關係上，就是相當緊繃，病患不論去幾次，都會覺得沒有效果？

其實，主要是我閱讀過很多醫療書籍後發現，肌力差的人活動量也不多，心肺功能變差，心血管功能下降，容易疲倦，往往會感到力不從心，例如原本做得很順手，現在變得卡卡的；走不動或走不遠、不想出門，人際關係變得狹小。

老人髖關節骨折，七成是肌少症

不論男女，我們只要提到肌肉無力，就可以用「弱肌」來形容，其中女性又較少運動，假設肌肉品質下降或是肌肉功能下降，也就是體適能下降，連帶影響到基礎代謝率下降，造成食慾不振，進而營養不良，肌肉流失的速度更快。肌肉流失會讓人失去日常生活獨立的能力，嚴重者走路會跌倒、造成骨折，而根據研究，髖關節骨折的老人中有七成是肌肉缺少症。而且，很多女性骨盆底肌力不夠解便困難很多婦產科門診找不出原因，後來才發現一個肌力不好的人簡單說就是「站無站相」，肌肉雖附著在骨頭上，但卻無法承擔及保護周邊的關節、骨頭系統。

肌肉無力最慘的情況就像是沒有自主行動力的傀儡，需要操作者拉線它才能動一下。以大家常見的膝蓋爲例，肌肉無力的結果，會讓人無法順利爬樓梯；腰部肌力不夠，上廁所時無法順利蹲下，而女性很容易發生骨盆底肌力不夠，不易解便，吃軟便劑又可能會讓情況惡性環循。

此外還有很多單身的上班族，看起來竟像媽媽？主要是中年核心肌群無力，肚子愈來愈大，而肚子變大的原因便是核心肌群無力，撐不住腹部結構，肚子便往外凸出，導致脊椎負荷更重，形成不穩定的脊椎，長期下來可能腳力變差，經常腰痠背痛、下肢麻痺等，就像骨牌效應一樣，嚴重時可能無法站立或走路。

「弱肌」恐將引發多種疾病

其實綜合以上研究，我想跟大家分享，運動可維持骨質質量，減少骨質疏鬆症的發生機率。透過不少醫學研究發現，肌力、肌耐力等體適能不理想的人，未來較可能發生骨質疏鬆症的問題，而且骨鬆的人因爲害怕跌倒、骨折，反而更不敢動，體能變差、平衡感及協調性等日漸低落，產生惡性循環，而且年齡層也漸漸下降，很多三十多歲的上班族群，也有「弱肌」的狀況產生。

最後，我想跟大家聊聊，身體因爲「弱肌」而有可能引發的四種疾病；

第一種爲慢性疼痛：腰痛、五十肩、膝蓋疼痛、生理痛、痔瘡、髖關節痛、坐骨神經痛。

第二種類文明病：肩膀痠痛、手腳冰冷、便祕、失眠、眼睛疲勞。

第三種爲肥胖：臉部鬆弛、蝴蝶袖、下腹凸出、易胖體質、下身水腫。

第四種歸類爲老化症狀：尿失禁、更年期症候群、骨質疏鬆症、運動障礙症候群、糖尿病、疲勞、倦怠。

以上四種爲最主要的居家上班、退休保健會發生的疾病範圍，當然我們不僅僅要從根本做起，醫生也建議可輔以物理設備，提升肌耐力跟肌肉強度，達到杜絕疾病發生的效果。

6-4

用最美的姿態，迎接下一個高峰

目前針對退休年齡的調查顯示，二〇二一年勞工預計退休年齡平均爲六十一點三歲，較二〇二〇年少了零點三歲。調查顯示，十五到五十四歲較年輕族群，希望五十五歲就退休的比率較前一年增加，因而拉低平均值；但五十五歲至六十四歲高齡族群，則預期六十四點四歲退休，相當接近勞基法訂退休年齡六十五歲。

在上述章節中，我們談論了很多不同退休狀況，但是回歸正常的生活機制，多數人都在是六十五歲退休，我是認爲「人生七十才開始」，既然要退下來，那麼就就要活得好，體能也盡量維持且回到最佳狀況！不僅僅是透過外在的運動、健行以及鍛鍊，尤其在科技日新月異的進步下，更可以透過科技來跨越體能的限制！

換句話說，讓每個人活到七十歲的時候，都有四、五十歲的體能狀況。過去我也有一陣子覺察體力跟肌肉強度下降，所以我開始大量運動，卻發現並未見效，原來是上述的健康狀況並未改變，肌肉年齡已隨著年齡退化，漸漸地，透過公司研發的新科技電流，我發現自己肌肉年齡自癒到較年輕的狀況，體能跟代謝當然也就更好了！

透過科技，跨越人類體能限制

內人直到如今還是常會吐槽我：「肌肉眞的會自癒嗎？」其實身體有沒有什麼感覺，大家在活動的時候，精氣神感受度上都知道，只要願意嘗試、想改善，沒有人可以幫自己規劃退休生活應該怎麼過？如何維持身體健康？

太太問我，爲什麼一定將這樣的商品推廣給大家知道？其實因爲看到很多新聞顯示，現代人退休後因為沒有健康的身體，若家中長者還健在，就會開始出現「老人照顧老人」的壓力與問題，也就是所謂的「老老照顧」，時間長、壓力大，且多半獨力承擔照顧及經濟責任，可說相當吃力。

根據衛福部二〇一七年統計，有三分之一（約百分之三十四）的主要照顧者年紀超過六十五歲，近九成為配偶或同居人，平均每日照顧時間為十三點二八個小時；更有百分之三十四的人表示，過去一個月的健康狀況並不好。所以，當「老老照顧」問題日益普遍，甚至可以提早將身體的狀態回復到合乎年齡規劃的狀況，家人都健健康康，大家不論在工作或生活壓力上都能夠減少負擔，豈不甚佳？

這也是我當時推動商品研發的初衷。

畢竟，周遭的狀況我們看到了！

「照顧是一條漫長的路，需要幫手。」在報章雜誌上我們常常看到，七十三歲的退休老師，前幾年照顧一百歲高齡的夫婿，也曾面臨經濟及體力不堪負荷的照顧低潮，差點走上絕路，尋求長照資源後，方才重新找回自己的人生目標，透過更早的預防、更好的科技，期許可以跨越體能的限制，找回更好的生活。

心態改變，行為也改變

我們常說「聰明的人找方法」，所謂預防勝於治療，當我們了解藉由運動、規劃及科技，可以協助我們找回幸福人生，爲何不跟著試試看？放開心胸迎接不同的新觀念，而不是遇到狀況就天尤人，心態越是正面的人，越能快速地邁向更好的人生，這也是我一輩子都在遵循的初衷。不論是在面對產業狀況時的公司轉型，進而在人生的多次研發工作上，一路走來，磨練出對於環境的敏銳度，以及關關難過關關過，找到對的方向，研發出對的商品，在很多共同理念的人的推動下，我們的行爲也會不知不覺地開始改變。

身爲企業創辦人，讓我感到最開心的事情就是當原本不能爬山的人，開始可以透過自癒，增加肌肉強度並成功攀越一座山峰，之後又開始挑戰第二座高山美景，不論男女都用最美的姿態迎接下一個高峰，是我們未來希望可以透過商品，永續經營的企業理念，且持續發酵中。

我雖然曾在光電面板產業上摔了一跤，但期許未來，我仍期待承大科技再以「面板產業」作爲提升企業核心價值的敲門磚，不論是在開刀房面板上，或是在大型醫療面板上，利用技術提升醫療素質，從過去奮鬥的軌跡中站穩腳步，邁向更遠大的前景。

第七章／後疫情時代，長照三·〇的展望及規劃

現代醫學發達，人類壽命延長，加上家庭成員結構改變，現代人缺乏親近及互相依賴的習慣，不似過去社會習慣多代同堂、共同生活，造成未來獨自生活的人肯定越來越多，諸如獨居老人、中高齡與家人同住的問題，應運而生……。

7-1

長照醫療成趨勢，你我都準備好了嗎？

在本書一開始的時候，我曾提及自己是個相當喜歡觀察人群，也喜歡深入生活做研究的人；近幾年，個人因爲已屆臨半退休狀況，所以也開始觀察對於臺灣長照醫療的狀況，有時我在社區的小公園，看到老人家被外籍看護或家人推著輪椅出來運動……，我開始省思，若自己在八十五歲退休的話，將會造成幾種壓力：首先是「看護」的照顧壓力，再來是「久病無孝子」的輿論與傳統壓力，最後則是「孩子們要養家活口」的經濟壓力。

當一個家庭的照顧者以及被照顧者都有壓力的時候，家庭氛圍若不好，往往就有可能發生憂鬱症或讓病情惡化，畢竟現代人生活環境較過去困難許多，大家的抗壓性也相對比以前低，例如：近期上班採遠距互動，大家可能面臨不整理自身打扮以及心情低落的狀況，都已自顧不暇，又怎麼會有心力去照顧家裡的長者？當然每個人都想要「孝順」，但畢竟還是有養家活口的財務壓力，種種狀況擠壓下，長照醫療自然成爲社會無法逃避且需要正視的難題。

看護壓力、久病未癒……恐將發生什麼事？

什麼是「長照醫療」？

對於家中不能移動或身體較虛弱的長者，可能因爲有臥床的狀況，所以需要透過運動醫學中提及的「主動運動」或「被動運動」，增加虛弱長者的身體肌肉強度。

目前我們提及的長照產業，合法立案登記者有上千家，每家約有三十至四十個照顧者，不論是我們常常聽到的長庚養生村、潤泰養老村到一般常聽到的養生長照中心，每個月費用約在二萬到六萬元都有，報價不一。

除了臺灣的狀況，在大陸、澳洲、歐洲、美洲的長照老人照護又有什麼差異呢？

我們來比較看看，在大陸地區，我發現有小區的建商會規畫七十至一百坪大小的住宅，留給民政局（民政單位）作爲需域內的長照單位；且針對老人運動中心、連結諮詢中心或社工人員的App、LINE，但因爲要好管理，所以就限制了長者們的行動，也沒有辦法增加每日的運動強度，肌力、肌強度也會日漸萎縮，這就是一種本末倒置的狀況，本來是期待優質的退休長照，讓大家自在過日子，但搞到最後反而像是被關起來，等著慢慢凋零的慘況。

而我也曾在澳洲商旅時發現，澳洲的客戶一樣屆臨退休，卻可住在別墅區，每棟規格類似，都是兩房一廳一衛，坪數約二十至三十坪，浴室裡甚至還有浴缸可以泡澡，社區總戶數多達三百至五百戶。醫療相關單位則是投標進駐，也有老人活動中心可以聯誼，讓退休長者們的身心靈都能獲得抒發。而在歐美部分則又是另一種模式，戶與戶之間都有大庭院可以種植花草，空間更爲開闊，完全看不出是長照中心，當然以上幾種都是因爲國情、民風不同而衍伸出來的長照人生，沒有好或不好，都是個人選擇，也僅供讀者們參考。

國內有不少醫療資料，已在約六、七年前就開始進行研究「爲什麼歐美沒有長期臥床的老人？」第一次看到這個標題的我，心裡也浮現許多問號？確實！爲什麼會有這些差異呢？臺灣想要推行的長照醫療，究竟出現了什麼問題呢？

在我歸納也去訪查之後發現，問題竟是出在「認知差異」上，剛剛我們提及的是空間問題，改善居住空間，源於對人權照顧的差異，例如在歐美國家，高齡者臨終前會自然失去食慾，這是身體已步入自然老化，預計可能在兩周內，老人家可用正常的身體面對死亡；反觀臺灣目前受限於生活空間不足，或是無法讓長者有權利選擇回復肌力、肌強度的方式，只能臥床……就像花朵樹木逐漸枯委，大多數的患者在身體尚未惡化前，多半就已進入意識不明的長臥狀態。相較之下，臺灣長期臥床的機會就歐美國家多了很多，更有人提到「生命是爲了享受人生而繼續」，寫到這裡，覺得眞是至理名言。

科技延長生命長度，改善生命品質

我有朋友為科技產業退休人員，在醫療器材上及人力需求上升，卻不符合長照需求，我們曾經一起討論後發現，如果可以透過「科技產業」降低人員長期照顧的時間，通常可讓照顧者及受照顧者，都可獲得較高的生活品質。

「他坐著都不用動！就可以達到深沉肌肉強度的鍛鍊，如同上健身房一樣，肌耐力越來越強，可以走得更遠，減少對醫護的依靠，個人行動自如，可以擁有基本的生活尊嚴。」畢竟我也在長照機構看過，一個缺乏下半身肌肉控制力的人，往往無法控制排泄，畢竟我們想要擁有一個無痛人生，一個擁有尊嚴的人生。

最後！我們也提到了規劃本書的目的，我一直期待「每個人都可以在要走的前兩周，安穩地在睡夢中離世。」這是我想追求的基本人權，人當然會老，身體機能退化也屬自然，全球長者們想要達到的目標，就是提升肌耐力，保留最後的尊嚴，隨時保持光采精神。

而透過科技也可以練好下半身肌肉核心肌群，如腰椎、髖關節、膝蓋、臀部、大腿等五大部位，透過科技產品鍛鍊強壯，回復肌耐力，重拾光彩！我研究將近二十年後發現，只要將下半身核心肌群訓練好，日後臥床的機會幾近於零，我建議大家不妨多多運用「被動」器材訓練全身這五大部位，及早防範於未然。其實在我此書的分享中，我一直經過不少的風浪、壓力以及產業轉型，我都抱持著相當正面積極的觀念，「有沒有錢沒有關係！如果有巨大財富卻躺在床上，走完人生最後一段路會是悲傷的，心情可以開闊，沒有什麼好計較的，健康最爲重要，過去我們也有一些員工，他天天不注重飲食，後來身體發現有癌症，每天唉聲嘆氣，家裡也常常愁雲慘霧，這樣的人生，何嘗不是一種折磨呢？」

思及此，這本書也是我人生最眞誠的精華，後面更探討了臺灣長照產業的現下狀況，作爲大家的參考，也能讓更多人享受自由自在的無痛人生。

7-2 臺灣的長照……，持續滾動式調整

就我個人遭遇到的狀況，不論國內外，都有很多人質疑長照的醫療素質畢竟這是人人都會遇到的難題，面臨退休時，人人都有可能需要爲自己打點好生理及心理狀態。

在本書的最後，我反而想要看看眞正的政策配套是什麼？

我在南部參加某知名雜誌舉辦的座談會擔任嘉賓時發現，身爲一個退休後的中老年人及長者，我的孩子們沒有在現場，自己獨自聽著未來的「長照體系」規劃服務，盡量想著減少家人負擔，也期待可以產業規劃完整，但我卻發現就政策面來說：「民國一一〇年2月底所發佈的長照

二・○，大多數都在講述，前幾章節提及的狀況，現下國人平均壽命長期呈上升趨勢，但生育率與死亡率下降，導致整體人口結構快速趨向高齡化。」

針對這些事實，我們有一堆官方數據，例如：臺灣六十五歲以上人口比率於一○七年3月達百分之十四，正式邁入高齡社會；推估至民國一一五年將超過二成，邁入超高齡社會，使得長期照顧需求人數增加，須建立完善的長照體制，進而要完備我國社會安全體系；以上的政府立意是相當關愛人民的，但是因為未來龐大的長照需求，是因為會造成「家庭照顧」負擔，以及真正長照人員不足導致的「老老照顧」。故而就算行政院已於民國一○五年9月29日通過「長期照顧十年計畫二・○」（簡稱長照二・○），並於民國一○六年元旦上路至今，我們不斷地檢視，得到的結論是一般大家所提及的照顧，並非適合長者們的唯一模式。畢竟首要是滿足長者生活的需求，此外也要家人支持，長者也有意願強健自身肌耐力，以不臥床為主要目的，方可讓自己達到健康而不臥床的長照生活。

那麼多數人說的「長照二・○」—建立優質、平價、普及的長照服務體系，真的有落實嗎？

我覺得整體檢視下來，多數人都希望是以高品質及平價的長照體制，來推動長照二·〇服務，甚至政府設立長照基金，幫助有需要的民眾。但實際看下來，目前政府僅能在提供硬體上著墨，卻無法讓臥床的長者提升自我行動力及延長生活自理的能力，實在有待加強。但即便如此，政府在推動硬體設備的政策上，透過《行政院全球資訊網》官方資料，仍有以下幾點可以參考：

推行長照ABC模式，實現在地老化

建構社區整體照顧服務體系（長照ABC）。爲實現在地老化，地方政府因地制宜加速布建社區整合型服務中心（A）複合型服務中心；（B）巷弄長照站；（C）提供從支持家庭、居家、社區到住宿式照顧的多元連續服務，普及照顧服務體系，提升長期照顧需求者與照顧者的生活品質。至民國一〇九年底，已布建A級六百八十八處、B級六千一百九十五處、C級三千一百六十九處據點；使用長照服務總人數超過三十五萬七千人，較民國民國一〇八年同期增加七萬餘人（約百分之二十五點七七）；服務涵蓋率亦提升至百分之五十四點六九。

在上述的資料裡，我們不難發現目前的社區照顧服務中心，僅僅在扶手、安全拉管、對於病患及呼吸照顧做加強，屆以符合政府要求，卻仍未眞正進入「長者自主進程規劃」。雖然推動給付及支付新制，有提及量身打造照顧計畫，讓長照服務更專業多元。例如：將原有的十項長照服務，整合爲「照顧及專業服務」、「交通接送服務」、「輔具服務及居家無障礙環境改善服務」及「喘息服務」等，如今在一般街道上也可以陸續看到這種服務性質的店面出現，而針對「住家附近的社區」也是其中一種類型。

推廣「喘息」服務，舒緩照顧者身心壓力

那麼我們也讓讀者了解一下，假設家中有需要長期照顧家中失能者的需求，那麼適度的喘息服務，便可減輕照顧者的壓力負荷，並讓他獲得必要的休息與支持。在您想要休息時，可以選擇申請：

1.居家喘息服務：由服務提供單位安排照顧服務員，至家中暫代家庭照顧者的角色，提供生活基本照護，如協助沐浴、如廁、穿換衣服、進食、服藥、翻身拍背等，以兩小時爲一個給付單位，單日居家喘息服務以十小時爲上限。

2.機構住宿式喘息服務：安排被照顧者至長照住宿式機構，接受短暫照顧或停留，由機構專業人員提供二十四小時之照顧，如護理照護、協助沐浴、進食、服藥及復健活動等。

當然，我個人還是回歸到前面章節提過的部分，這些被動的照顧還是會讓長者漸漸失去提升肌耐力的機會，我們還是希望長者可以不要臥床，回到身體可以自行運動的部分，來過一個有尊嚴的退休人生，來全面建構友善高齡環境。畢竟政府立意是良善的，我們都想要好好的達成，全民一起、多管齊下打造「經濟自主」、「健康生活」及「行動無礙」的高齡友善環境，使長者能有健康、快樂及尊嚴的老年生活，工作中的子女才能安心托老。

多數的臺灣年長者，目前退休後可以選擇的長照規劃有限，除了政府配套措施外，就只能自行規劃入住養生村……，而我還是希望可以透過科技產物的發明，讓長輩們擁有多一點的選擇。透過承大研發的生技，補足長照規劃在軟體上的不足，且將「從注重生命的延長，轉變爲重視生活的延長。」換句話說，承大科技在第一、二章所提及的設計材料學的研發，投入最少時間來規劃最大效果，透過醫療整合來改善年長者肌耐力欠佳的方向，依舊明確。

開宗明義地說，長照一．〇或二．〇充其量只是一個政策的藍圖，而我們是希望可以圓滿年長者的人生，不需花費過多時間臥床，讓我們既可長壽又有美好生活，即使離開長照中心跟養老村，返家後的最後兩周，依舊能夠有尊嚴地離開，這就是承大科技對於長照二．〇的產業因應對策。未來，等待生技相關技術更臻於成熟，政府政策也能夠更爲宏觀，讓我們一齊跨進長照三．〇的美好時代。

7-3 用樂觀的心迎接長照三・○

長照二・○行之有年，照護人員素質及人力規劃上一直都是讓人關注的課題，以臺灣人力需求來說，目前二十六歲至四十五歲的中壯年人口，多半是生活經濟來源，如果是較爲可運用的人力年齡層多在六十五歲之後，就會變成我們上述提及的「老老照顧」。

在人員分佈上，長照體系的教育訓練也成爲重要課題，就我自己觀察到的狀況，步入後疫情時代的這幾年，外籍看護無法入境臺灣，造成本地看護人員需求大增，成本卻太高的景況，而看護人員數量不夠，一旦老人需要長照的人數增加時，勢必會造成國家醫療負擔，未來的醫療給付及長照看護成本勢必也會提高，這樣一來，只會造成家庭的經濟負擔，影響社會共同承受的經濟壓力。

臺灣近幾年來的人口結構已越來越接近日本長壽村的型態，這也開始反映出社會經濟結構的支撐已然改變，想要有效改變長照效應所產生的社會經濟結構問題，可從改善根源做起。也就是說，當我們可以先回到肌力、肌強度自行運作的狀況時，材料端的應用，醫療背景以及僅頭髮的八分之一毫米細緻的應用材料與紡織材料做整合；再透過研究數據以及實證資料，分享給年輕人一輩審核，讓數據、數字說話。容我大膽預測，透過材料應用與結合整合，將極有機會改善全球長照人口的狀況。

評估現況，健全資料優化醫病關係

除了上述提及的照顧問題的長照概念外，不曉得大家有沒有注意過，當我們因為重大疾病、慢性病症而需要醫診治的時候，卻遇到醫生沒有辦法依據我們的狀況，適時給予關注，甚至要兩、三個月後，才能看到上一次的檢測資料，若同理患者心情，等待資料的時間會有多焦躁與無助？例如：「醫生您可以先跟我說明病況嗎？」、「從檢查數據是否可以看出，我的身體復健有無可改善的地方？」……種種問題，都是常常困擾我們的部分。

有鑒於此，我決定要透過研發系統來改善這種醫病狀況，也就是說，如果使用了我們的App系統，可以把兩個月前的測試記錄下來，之後再與兩個月後的數據結合，追蹤測試例如心跳、血壓、血糖、肌肉狀況、酸痛部位的角度，之後再得出一個總結數據與評估資料，傳送放上雲端之後，讓大家可以隨時有效追蹤。患者可以從中得到一些答案，例如「身體現況如何？」、「跟上次檢測的結果有甚麼不同？」、「檢查幾次後，才會有明顯改善？」

針對控管服務系統，承大科技更設計一個「超連結」，希望站在雙方的立場上，以同理心來規劃，在軟體設計時，就可以把資料傳達到檢測者手機App系統上，藉以補強目前長照體系下，醫病關係的溝通不良。我深信唯有同理了檢測者的心情，透過科技研發來滿足一切「細節」，例如將診療完的傷口狀況、身體疼痛部位的角度等檢測資料，逐一上傳至雲端資料庫，方便使用者查找資料，徹底安心。

畢竟保障醫病關係中的海量資料，是未來作為一個長期且細心的長照三．○系統。

最後，我已在材料應用與整合的研究上，投入將近四十二年的時間，這般漫長的研究經驗與基礎，將這些DetaBase（資訊量）作整合，上傳到藍芽接收控制器中並即刻操控，且以五千倍的微晶能傳導點的紡織科技，縝密地導電傳達到人體肌膚四十八萬點運動神經元，接觸人體肌肉與運動神經元，讓二千五百萬條肌纖維來產生肌肉運動，然後加速肌肉壓迫血管，加速血液循環，透過科技的方式，達到深層運動及強度。

雲端科技生活，長照三．○一起來

在紡織科技上，我總是秉持研發再研發，朋友家人們都笑我：「投入研發中，你不僅是個瘋子，還是一個傻子。」透過多年來的研發及紡織科技的原理應用，我希望能夠滿足大家，真正享有「無痛人生」。

我們理解人體皮膚上有四十八萬點運動神經元，所以我們的護具布面上都設有五千倍的微晶能傳導點，待與皮膚接觸後，每一條肌纖維都受到運動神經元支配，運動神經元由脊髓神經向外延伸，且受個別肌纖維的支配。待神經傳導物後刺激肌纖維去激化時，即可產生肌肉開始收縮的能源。

我在前面章節曾提及無痛及增加肌耐力的研發願景，讓器械接觸身體，不用做什麼特殊的運動，便可透過高強度的電流，提升肌肉強度，即使是長年臥床的病人，都可以緩步回復到有能力自己擰毛巾甚至散步等。

曾有朋友跟我分享，自己的母親已經很久無法自行穿脫衣物，年近七十歲的母親肩頸肌肉強度也較年輕時退化許多，直到後來有一次去看復建科，醫生確定這個上背肩胛骨中間的疼痛，就是俗稱的膏肓痛，也是許多人最煩躁的困擾之一。膏肓痛的原因很複雜，可能跟肌肉、骨骼有關，也可能跟神經壓迫有關，甚至可能是內科問題的轉移痛，但即使如此，一痛起來就是要人命的慘，患者整晚都無法入睡，在一般的健保診所裡常見的治療就是電療、熱敷，藉此緩解肌肉與筋膜的緊繃，卻只是治標而不治本，徒然浪費時間還有金錢……。

後來，萬倍爾科技透過科技織布的電流，以五千倍的微晶能傳導點的紡織科技，以非常縝密的導電系統傳達到肌膚上的四十八萬點運動神經元，不僅減輕疼痛，媽媽後來也能自行處理日常生活與行動。朋友後來發現媽媽不僅可以自己穿脫衣物，甚至還能自己擰乾毛巾，眞的有效果，心中也很感謝。而目前也因爲可以跟智慧手機連結，所以也幫母親設定，平常就可以在家居家照顧，也減少了往返養老院、長照中心的狀況，甚至更好，可以回到爬山、提重物的生活，讓她非常開心！

透過被動運動、人體醫學以及材料應用的有效產品，讓大家的生活能夠更美好，讓我相當有成就感！此外，科技結合雲端生活，成果也讓我備感欣慰。昔日一個老同學，因爲長年勞動，全身幾乎都是職業傷害，肌肉及骨骼損傷嚴重，但之後我介紹他使用自己研發的商品，透過長照的最新科技，他一次綁了七個部位，設定強度及時間，用軟體綁在身體各關節部分，因爲符合人體工學的設計，未來可將資料上傳雲端，同時可以透過二維碼來聯繫病患家屬，儲存數據並做比對及分析，舉凡時間、日期、年月日等都可以設定，檢視曲線圖有無改善，增加生活的美好程度，就是我們想要的長照美好生活。

創業里程碑

西元	年齡	生平紀要
一九八〇年	24	除了自己從外行開始一路不恥下問、研究材料、機器、通路、市場，創立大來運動器材公司。
一九八一年	25	初期我們當然是批發別人的商品來做銷售，其中的利潤已經相當微薄，僅僅可以維持小公司的人事管銷，後來，我想到將商品自行研發，開始投入紡織素材的研究，可以增加毛利率，以及品牌市占率。
一九八一年	25	開始每日跑台北商圈落實商圈經營。
一九八五年	29	到歐洲挑選最好的機台，不惜重金引進德國原廠的機器，且遠赴德國受訓一個月，進了 30 台 5000 萬元）最精密的技術。
二〇〇二年	47	遭遇紡織困境。於二零零二年擴大市場區隔，創辦承大科技各分支。六大品牌一系列商品規劃，高端市場區隔策略行銷市場化。
二〇〇二年	47	承大科技開始投入設計研發手腳按摩器，且與國際知名品牌合作。

二〇〇三年（48）

打開國際市場，澳洲墨爾本，品牌奠下基礎面對外國代理商的認同。與 OSIM 建立合作，品質深受肯定。運用不銹鋼金屬導電材做出「金縷衣」。

二〇〇五年（50）

除了國內訂單不斷，承大科技「全球運送物流制度」簡立，外銷訂單與倉庫物流管理機制成形。

二〇〇七年（52）

藉由工廠觀光化的實現，將台灣創意產業發揚光大，且將人文學風引進蘭陽平原。

二〇〇八年（53）

斥資數億打造蘭陽國際伸展台，宜蘭廠與建動工，新聞媒體廣為採訪，產官學合作，跨領域與異素材達到巔峰，當時研發全世界最大面板。

二〇一四年（59）

深圳國際觸控式螢幕展覽會上，接受了台灣環球視聽的採訪。

二〇一五年（60）

提前預防人口老齡化可能帶來的一系列問題，公司研發商品破數十種。

二〇一八年（63）

推廣世界各地，歐洲、美、日全球代理，定期展覽推廣研發商品。

二〇二二年（67）

回台灣推廣長照 3.0 相關系統，打造未來醫療體系相關商品。

Your Assurance
of Quality Life

你還在用一般 白幕 嗎？？？
還買傳統 電視機 嗎 ？？？
世界最大全電視 140吋

1對7藍芽按摩器

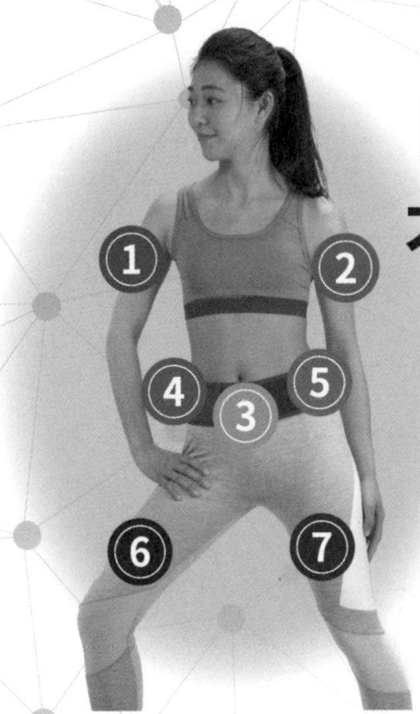

同時提供7個不同部位按摩

DESPACITO
BODY SHARP

手機APP控制

MAXPAL

Available on the App Store

Get it on Google play

產品特色

(1)採用微導電纖維技術，產品與皮膚之間接觸面積達到最大。

(2)提供7個不同部位，同時按摩。

(3)深層刺激肌肉。

模式介紹

(1) i Muscles 是比較偏向肌肉訓練模式及有重訓鍛練，配合按摩表現會比較強烈。

(2) i Masa 是比較偏向深層按摩，按摩表現會比較舒適。

適用範圍

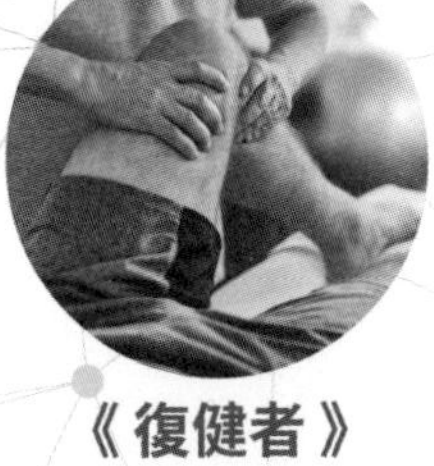

《復健者》

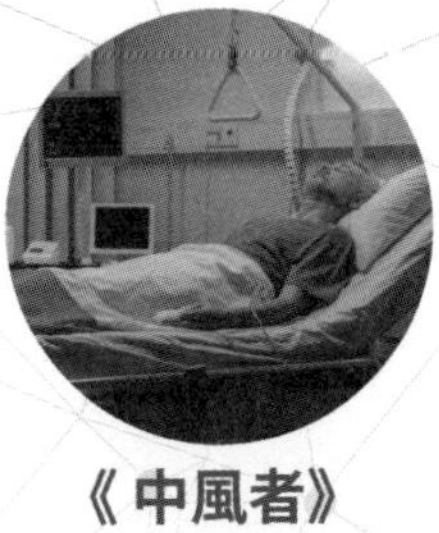

《中風者》

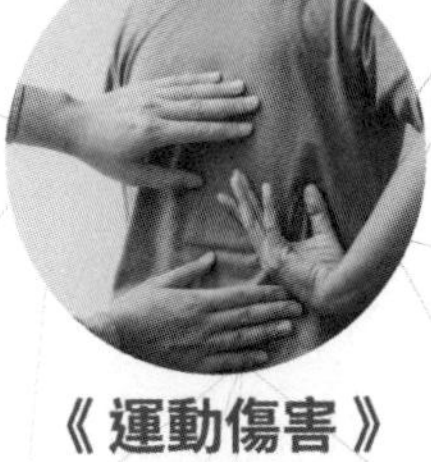

《運動傷害》

《行動不便者》

觀成長45

無痛人生

作　者—吳明來
文字整理—蕭合儀
視覺設計—徐思文
主　編—林憶純
企劃主任—王綾翊

第五編輯部總監—梁芳春
董事長—趙政岷
出版者—時報文化出版企業股份有限公司
一〇八〇一九台北市和平西路三段二百四十號
發行專線—（〇二）二三〇六－六八四二
讀者服務專線—〇八〇〇－二三一－七〇五、（〇二）二三〇四－七一〇三
讀者服務傳真—（〇二）二三〇四－六八五八
郵撥—一九三四四七二四時報文化出版公司
信箱—一〇八九九臺北華江橋郵局第九九信箱
時報悅讀網—www.readingtimes.com.tw
電子郵箱—yoho@readingtimes.com.tw
法律顧問—理律法律事務所 陳長文律師、李念祖律師
印　刷—勁達印刷有限公司
初版一刷—二〇二二年八月五日
定　價—新台幣三百五十元
（缺頁或破損的書，請寄回更換）

時報文化出版公司成立於一九七五年，並於一九九九年股票上櫃公開發行，於二〇〇八年脫離中時集團非屬旺中，以「尊重智慧與創意的文化事業」為信念。

無痛人生 / 吳明來作 . -- 初版 . -- 臺北市 : 時報文化出版企業股份有限公司 , 2022.08
160 面 ; 17×23 公分 . -- (觀成長 ; 45)
ISBN 978-626-335-523-1(平裝)
1.CST: 成功法
177.2　　111007832

ISBN 978-626-335-523-1
Printed in Taiwan